거기서 내가 너와 만나고

거기서 내가 너와 만나고

한의택 지음

예루살렘

머리말

　부모와 만나는 천륜적 만남이나 배우자와 만나는 선택적 만남, 그리고 사회생활을 통하여 만나는 수많은 만남이 인생에 의미를 부여하기도 하고 고통이 되기도 한다.

　김춘수 시인의 '꽃'이라는 시의 한 구절에 "누군가 이름을 부르기 전에는 그저 하나의 몸짓에 지나지 않았다"고 하였다.

　하나님을 만나기 전에는 내 인생은 그저 하나의 몸짓에 지나지 않는다. 살아도 사는 것이 아니라 그저 먹고 자고 일하는 일상의 반복일 뿐이다. 가장 중요한 만남은 하나님과의 만남이다. 그 만남을 통하여 나의 인생이 해석되어지고 영원한 천국을 소유하기 때문이다.

　시인 정봉채의 《만남》에 대한 시이다.

"가장 잘못된 만남은 생선과 같은 만남이다.

왜냐하면 만날수록 비린내가 나기 때문이다.

가장 조심해야 할 만남은 꽃송이 같은 만남이다.
왜냐하면 피어 있을 때는 환호하고 시들면 버리기 때문이다.

가장 비천한 만남은 건전지 같은 만남이다.
왜냐하면 힘이 있을 때는 간수하고
힘이 다하면 던져버리기 때문이다.

가장 시간이 아까운 만남은 지우개 같은 만남이다.
왜냐하면 금방의 만남이 곧 지워지기 때문이다.

가장 아름다운 만남은 손수건 같은 만남이다.
왜냐하면 힘들 때는 땀을 닦아 주고 슬플 때는
눈물을 닦아 주기 때문이다." - 정봉채 -

창조주 하나님이 당신의 형상으로 만드신 피조물인 사람과 만나서 이야기를 하고 싶어 하신다. 피조물이요 죄인된 인간이 하나님을 만나면 죽을 수밖에 없지만, 우리의 죄를 어린 양 예수 그리스도의 피로 덮고 자기 백성을 만나서 이야기를 하기 원하신다.

하나님과의 만남은 나의 인생이 해석되어지며 영생의 길이다.

하나님을 만난 사람은 "내가 왜 살아야 하는가?" 이 질문에 내가 어떻게 살아야 하는 '이정표'가 세워진다.

하나님은 성막의 지성소에서 내가 너를 만나주고 거기에서 이스라엘 백성에게 이를 말을 하겠다고 약속하였다.

> "거기서 내가 너와 만나고 속죄소 위 곧 증거궤 위에 있는 두 그룹 사이에서 내가 이스라엘 자손을 위하여 네게 명할 모든 일을 네게 이르리라"(출 25:22).

지금도 하나님은 내 마음의 지성소에 오셔서 좌정하시고 내게 말씀하신다.

많은 사람들이 인간의 방법으로 하나님의 음성 듣기를 추구하고 하고 있다. 자기 마음에 깨달음과 생각을 하나님의 음성으로 착각하기도 하고, 정말 하나님의 음성을 들은 자를 사이비와 이단으로 보기도 한다. 또 하나님의 음성이라고 들었지만 사실은 귀신에게 속기도 한다.

이러한 혼란의 시대에 성막을 바로 이해하면 바른 영의 인도를 받을 수 있다. 마음에 지성소가 이루어진 자에게 오셔서 말씀하시는 성령님과 친밀함을 가질 수 있다. 이미 출판되어진 《성막과 절기를 알면 예수가 보인다》라는 책을 참고하며 이 책이 하나님의 음성을 바로 들을 수 있고 바른 신앙의 지침서가 되기를 간절히 기원한다.

한 의 택

차 례

머리말 / 4

Chapter 1 성막의 문 - 오직 예수만이 구원이다 • 13

Chapter 2 번제단 - 십자가의 구속 • 31

Chapter 3 물두멍 - 거듭남 이후의 죄 문제 • 61

Chapter 4 성소 - 천국에 들어갈 성도들의 삶 • 87

Chapter 5 지성소 - 거기서 너와 만나자 • 123

Chapter 6 대제사장 예복 - 신부 단장하라 • 165

Chapter 7 하나님과의 만남 • 189

Chapter 1

성막의 문 -
오직 예수만이 구원이다

Chapter 1
성막의 문

- 오직 예수만이 구원이다 -

성막은 예수 그리스도에 대한 생애이며 사역이다. 그리고 성부 하나님은 성막을 통하여 예수 그리스도를 만나고 천국 가는 길을 제시하

였다.

성막은 지금부터 3,500년 전에 하나님이 시내 산에서 모세에게 설계도를 보여주었고 모세는 하나님이 보여준 설계도에 의거 성막을 지었다.

"너는 삼가 이 산에서 네게 보인 양식대로 할지니라"(출 25:40).

히브리서 저자는 성막은 "하늘에 있는 것의 모형과 그림자"(히 8:5)라고 하였다.

땅에 존재하였던 성막은 하늘에 있는 성전의 축소판이다. 땅에 있는 성막의 실제 모형이 하늘 성전의 축소판이라는 의미가 아니라 구원 받을 백성이 하늘 성소에 들어가는 모형의 그림자로서 성막을 지으라고 한 것이다. 그러므로 이 땅에서 바른 신앙생활을 하다가 천국 들어가기를 원한다면 성막을 통하여 계시하는 구원의 도리를 깨닫고, 깨달은 바를 삶으로 이행하여야 한다.

성막은 우리 구원에 대하여 말씀하는 진리이며 예수 그리스도를 통한 구속 사역에 대한 계시이다.

성막에 들어가는 문은 하나밖에 없다. 예수 그리스도는 성막의 문이요 구원의 문이 되신다. 구원은 오직 오직 예수 그리스도 뿐이다.

뜰 문을 통하여 성막 뜰에 들어가면 먼저 번제단을 만난다. 번제단에서는 속죄양이 나의 죄 때문에 희생되어졌다. 그리스도는 십자가에서 나를 위하여 희생 제물이 되셨다. 십자가의 모형인 번제단에서 나의 죄를 해결하신 예수를 만나야 한다.

번제단에서 제물을 희생시키는 사역과 구약의 5대 제사가 드려졌다. 그리고 성소에 들어가기 전에 반드시 물두멍에서 수족을 씻어서 죽는 것을 면하여야 한다. 물두멍에서는 거듭난 이후에 짓는 죄 문제가 해결되어져야 한다.

성소의 문을 열고 성소에 들어가면 성소에는 떡 상과 금 등잔과 향단이 있다. 성소는 천국에 들어가서 살아야 할 천국 백성의 삶을 조명하고 있다. 그 삶은 성령의 조명에 의한 말씀과 기도의 삶이다.

휘장을 열고 지성소에 들어가면 그곳에는 법궤와 속죄소가 있고 속죄소 위에는 두 그룹의 천사가 얼굴을 마주보며 속죄소를 바라보며 있다. 하나님은 "거기서 내가 너를 만나고 이스라엘 족속에게 이를 말을 하겠다"고 했다. 지성소에서 지존하신 하나님을 만나야 한다. 이 모든 과정이 죄인이 구원 받아 천국에 들어가는 구속 사역을 계시한 것이다.

예수 그리스도는 성막의 문이 되시며 문은 하나밖에 없다.

성막 전체의 구조는 지성소와 성소와 성막 뜰로 나뉘어져 있다.
성막 뜰로 들어가는 문은 뜰 문(출 27:16)이라고 했으며, 성소에 들어가는 문을 성막문(출 26:36)이라고 했고, 지성소에 들어가는 문을 휘장이라고 했다.

휘장을 열고 지성소에 들어가 하나님을 만날 수 있는 길은 먼저 뜰 문인 성막의 문을 통해야 한다. 이 문은 곧 예수 그리스도를 상징한다. 이 문을 통하지 않고 성막에 들어 갈 수 있는 다른 문은 없다.

성막의 동서남북 사면에는 이스라엘 12지파가 성막을 중심하여 진을 쳤다. 동쪽에 3개 지파, 서쪽에 3개 지파, 남쪽에 3개 지파, 북쪽에 3개 지파가 성막을 바라보고 진을 쳤다. 성막의 문이 동서남북에 하나씩 네 개라면 편리할 것이다. 그러나 성막의 문은 동쪽에 오직 하나밖에 없다. 이는 구원은 오직 예수 그리스도 한 분 뿐임을 계시한다. 천국에 들어가는 문은 오직 예수 그리스도뿐이다.
이 세상에는 많은 종교가 있다. 그러나 하나님 아버지께로 가는 길은 오직 한 길 예수 그리스도뿐이다. 예수 그리스도를 통하지 않고는 아버지께로 갈 수 없다.

"내가 곧 길이요 진리요 생명이니 나로 말미암지 않고는 아버지께로 갈 자가 없느니라"(요 14:6).

"다른 이로서는 구원을 얻을 수 없나니 천하 인간에 구원을 얻을 만한 다른 이름을 우리에게 주신 일이 없음이라"(행 4:12).

기독교는 종교가 아니다. 모든 종교는 인간이 신을 만들고 그 신을 찾아가는 것이지만 기독교는 하나님이 인간을 찾아오셔서 만나주셨다. 하나님과의 만남은 생명 그 자체이다. 하나님과의 인격적 만남이 없는 종교 생활을 통하여서는 결코 구원 받을 수 없다.

불교도는 이렇게 말한다.

"나는 절에 다닙니다. 나는 부처를 믿어 극락에 가고, 목사님은 하나님 믿어서 천당 가고 그런 것 아닙니까? 꼭 예수를 믿어야만 구원 받습니까? 산에 오르는 길은 여럿이 있어도 산 정산에서 다 만나는 것 아닙니까?"

어느 종교를 믿어도 구원이 있다는 신앙을 종교다원주의 신앙이라고 한다. 그리스도인들이 종교다원주의를 인정하면 예수가 죄인을 구원하기 위하여 이 세상에 오실 이유도 없고, 십자가에서 속죄양이 되어서 우리 대신 피 흘려 죽어야 할 이유도 없다. 십자가 없는 구원을 주장한다면 기독교의 이단이다.

교회 안에 있으면서 종교다원주의적인 믿음을 가진 사람은 불교로 가라. 그들도 선행을 추구한다. 거기 가서 부처를 믿고 극락에 가는 것이 낫다. 그와 같은 신앙을 가지고 교회 안에 있으면 자신도 구원 받을 수 없을 뿐만 아니라 다른 사람의 구원에 방해가 되기 때문에 하는 말이다.

모든 종교를 다 인정하면 너그러운 사람 같고, 종교 때문에 핍박을 받을 일도 없다. 기독교에만 구원이 있다고 주장하면 기독교는 독선주의 같고, 자기 아집에 빠진 것 같이 보일 수도 있다. 진리는 모든 종교를 다 수용하고 포용한다고 진리가 될 수 없다.

진리는 하나이고 진리는 예수 그리스도이다.

"어떤 길은 사람 보기에 바르나 필경은 사망의 길이니라"
(잠 16:25).

WCC(세계교회협의회)는 세계 종교를 하나로 통합하려고 한다. WCC는 '평화'라는 이름하에 세계 모든 종교를 통합하는데 목적을 두고 있다. 기독교, 천주교, 불교, 힌두교, 모든 종교에는 다 구원이 있다고 인정하는 기관이다.

WCC가 한국 기독교회 안에 들어왔다. 교계 지도자들이 그들과 연합하여 세계 평화를 모색한다는 이름하에 함께 사역하고 함께 예배하고 있다. 이 일은 성도들에게 다른 복음을 전하며 쑥물을 먹이고 있는 것이다. 구원은 오직 예수 그리스도 뿐이다.

예수님 보다 앞선 것은 내 영혼을 도적질 하는 절도요 강도이다.

"그러므로 예수께서 다시 이르시되 내가 진실로 진실로 너희에게 말하노니 나는 양의 문이라 나보다 먼저 온 자는 다 절도요 강도니 양들이 듣지 아니하였느니라. 내가 문이니 누구든지 나로 말미암아 들어가면 구원을 얻고 또는 들어가며 나오며 꼴을 얻으리라"(요 10:7~9).

예수님은 "나보다 먼저 온 자는 다 절도요 강도"라고 하였다.
예수님 보다 먼저 온 자가 누구인가?
예수님 보다 먼저 온 자는 마귀다. 마귀가 주는 생각은 육의 생각이고, 마귀는 나의 영을 속이는 자이며 내 혼을 도적질 하여 지옥으로 데리고 가는 자이다.

예수님 보다 먼저 온 자를 시간적 개념보다 가치적 개념으로도 생각할 수 있다.

예수님 보다 더 중요하게 가치를 두는 것, 예수님 보다 더 의미를 갖는 것, 예수님 보다 더 좋은 것, 그것이 사람이든 물질이든 명예이든 그것은 다 우상이다. 이런 것들은 다 나의 혼을 도적질하는 도적이요 강도이다.

마음 문을 열어라.

예수 그리스도를 믿는 것은 액세서리가 아니다. 예수 그리스도는 내 인생의 전부가 되어야 한다. 예배는 '드려도 되고 드리지 않아도 되고'가 아니다. 예배에 생명을 거는 것이다. 기도는 '하여도 되고 하지 않아도 되는 것'이 아니다. 하나님을 향한 목마름과 갈급함과 사모함으로 온 맘 다하여 하나님을 사랑하고 기도하며 하나님을 섬기는 것이다.

시편 24편은 예배의 시이다. 법궤가 예루살렘에 입성 할 때 다윗에게 성령의 감동이 임하였고 그때 지은 시이다.

"문들아 너희 머리를 들지어다. 영원한 문들아 들릴지어다. 영광의 왕이 들어 가시리로다. 영광의 왕이 뉘시뇨 만군의 여호와께서 곧 영광의 왕이시로다"(시 24:9-10).

'영원한 문' 이란 영어성경과 원문성경에는 '영원한 문'(eternal gates) 이라고 하지 않고 '고대의 문' '오래 된 문'(ancient gates)이라고 했다. 이 문은 '전통과 관습 그리고 나의 자아로 묶여 있는 마음의 문'을 의미한다. 전통과 관습 그리고 나의 자아로 닫힌 마음의 문을 부수기 전에는 하나님을 만날 수 없다. '마음의 문을 열라는 것'이다.

"볼지어다 내가 문 밖에 서서 두드리노니 누구든지 내 음성을 듣고 문을 열면 내가 그에게로 들어가 그와 더불어 먹고 그는 나와 더불어 먹으리라"(계 3:20).

"인간의 마음은 안에서만 열수 있다. 예수님은 강제로 문을 열지 않는다. 하나님은 구원을 베풀기를 원하지만 내 마음을 열고 그 분을 영접하는 것은 죄인들의 몫이다."(폴 워서. 회심)

"내가 문 밖에 서서 두드리노니"

문 두드리고 있는 지금 마음의 문을 열어야 한다.

"문을 열면 내가 들어가 너에게 한 모든 약속을 지킬 것이다
나는 너의 주님으로서 네 안에 들어간다.
내 뜻이 곧 법이다.
네 모든 인격과 너의 가진 모든 것이 내 것이 되어
나의 선한 뜻과 목적에 따라 사용될 것이다.
너는 나의 종이 되고 나는 너의 주인이 될 것이다.
너를 가르치고 너를 시험하고 너를 훈련할 것이며
나를 기쁘게 하지 않는 모든 것은 제거 할 것이다.
네 삶을 주관하고 나의 형상을 본 받게 할 것이다.
내 형상 안에 거룩이 있다. 거룩한 삶을 살아야 한다.
미리 경고 한다.
나에게 문을 여는 순간 너는 나 외에 다른 것에는 문을 닫아야 한다.
나에게 '네', '아멘' 하고 대답하면
세상을 향하여서는 '아니요' 라고 말하는 것이 된다.
하나님을 얻는 것은 세상을 잃는 것이다.
그러나 천국은 너에게 보장된다."(폴 워셔. 회심)

사람들은 나의 자아와 고집으로 문을 열지 않고 마음의 문을 걸어

잠그고 있다. 문은 두 종류가 있다. 안에서 잠그는 문이 있다. 안방의 문이다. 밖에서 잠그는 문이 있다. 형무소의 문이다.

내가 마음 문을 열지 않고 닫고 있으면, 죄인이 되기에 밖에서 잠가 버린다. 밖에서 잠그면 안에서 나오려고 하여도 나올 수 없다.

지옥에 떨어진 혼들은 나오려고 하여도 나올 수 없다. 밖에서 잠갔기 때문이다. 다윗의 열쇠를 가지신 주님이 한번 닫으면 열 사람이 없다.

주님은 이렇게 말씀하신다.
"네 마음 문을 열면
영광의 하나님께서 들어가신다.
하나님은 전쟁에 능한 하나님이시다.
하나님은 내 마음의 못된 자아와 나의 악한 습성을 깨버리고,
네 속에 있는 사탄의 진을 성령의 강력으로 박살낼 것이다.
마음 문을 열어라.
문을 열면,
나 전능자 예수가 들어가서 너와 더불어 먹고 마시리라.
너와 함께 영원히 살리라."

목자의 사명은 우리 안에 있는 양을 돌보는 일을 하지만 우리 밖에 있는 다른 양들을 찾아야 한다.

"또 이 우리에 들지 아니한 다른 양들이 내게 있어 내가 인도하여야 할 터이니 저희로 내 음성을 듣고 한 무리가 되어 한 목자에게 있으리라"(요 10:16).

양 우리 안에는 선택 받은 양들이 있고 우리 밖에도 구원 받아야 할 양들이 있다. 목자는 우리 밖에서 길을 찾아 헤매는 양들을 우리 안으로 인도하여야 할 사명이 있다.

잃어버린 혼(영혼)에 대한 긍휼의 마음가짐을 가져야 한다. 잃은 양 하나라도 찾기를 원하는 하나님 아버지의 마음을 달라고 기도하여야 한다. 영혼에 대한 사랑이 없는 사람은 긍휼의 마음이 없는 사람이다. 긍휼의 마음이 없는 사람은 긍휼 없는 심판을 받는다.

"긍휼을 행하지 아니하는 자에게는 긍휼 없는 심판이 있으리라 긍휼은 심판을 이기고 자랑하느니라"(약 2:13).

긍휼이 없고 심판만 있는 곳은 지옥이다. 목사는 '나와 함께 믿음 생활하는 저 분이 천국에 못 들어가고 지옥에 가면 어떻게 하나?' 사람에 대한 긍휼의 마음을 가지고 그 사람을 위하여 기도하고 가르쳐야 한다. 그러한 마음이 없이 목회를 한다면 목회가 아니고 직업이며, 자기

비즈니스인 것이다.

리빙스톤은 개신교 선교사에 있어서 가장 위대한 사람이였다.

목사요, 의사요, 자선가요, 지리학자요, 탐험가요, 박애가로서의 그의 업적은 너무나 컸다.

그는 아프리카에서 일평생 선교사로 선교 사업을 완성하였다. 그가 세상을 떠났을 적에 영국 국회는 그의 무덤을 영국 열왕들이 묻혀있는 웨스트민스터 사원에 안장하기로 결의하였다.

그의 시신을 운구하려고 아프리카에 갔을 때에 아프리카 사람들은 시신을 줄 수 없다고 하였다. 그가 이 땅에서 선교 사역을 하였으니 이 땅에 우리와 함께 있어야 한다는 것이다. 할 수 없어서 영국은 그들과 타협을 했다.

아프리카 사람들을 사랑했던 리빙스톤의 심장은 아프리카에 묻고 나머지 시신만 영국으로 가기로 했던 것이다. 그래서 리빙스톤의 무덤은 두 곳에 있다. 심장은 아프리카에, 시신은 영국 웨스트민스터 사원에 묻혀있다.

웨스트민스터 사원은 건물의 역사성과 그 곳에 묻힌 유명한 분들의 무덤을 보기 위하여 많은 관광객이 방문한다. 리빙스톤의 무덤 앞 사원 바닥에는 다음 성경 구절이 기록 되어져 있다.

"이 우리에 들지 아니한 다른 양들이 내게 있어 내가 인도하여야 할 터이니 저희도 내 음성을 듣고 한 무리가 되어 한 목자에게 있으리라"(요 10:16).

리빙스톤이 이 말씀 앞에서 얼마나 도전을 받았기에 검은 아프리카 대륙에서 이 말씀과 함께 그의 인생을 불태웠을까? 얼마나 이 말씀을 묵상하고 이 말씀이 그를 감동시키고 도전을 주었기에 이 말씀을 그의 유해가 있는 사원 바닥에 기록하였을까?

너는 어떤 목양을 하였느냐?

프랑스 작가 피에르 땅 빠셍의 작품 중에 《우리의 삶의 날들》이란 단편소설이 있다.

어느 마을에 꼽추로 태어난 남동생을 누나가 키우고 있었다. 이들 남매의 아버지는 누구인지 알지 못하는 사생아 이였고 어머니는 알코

올 중독자 이였다. 그래서 누나는 온갖 궂은일을 다하며 꼽추 남동생을 키웠다.

어느 날 누나는 도둑의 누명을 쓴 채 옥살이를 하게 되었다. 그녀가 형기를 마치고 감옥에서 나왔을 적에는 일자리를 구할 수가 없었다. 자신은 도둑이 아니었다고 결백을 주장했지만 아무도 믿어주지 않았다. 생활고에 몰린 그녀는 밤거리에 나가서 몸을 팔아 꼽추인 동생을 부양 해야만 했다.

어느 날 꼽추인 남동생이 마을로 나갔을 적에 사람들이 그를 밀어 쓰러뜨리고 창녀의 동생이라고 집단으로 매질을 했다. 그 곳에 많은 사람들이 있었지만 아무도 말리는 사람도 없었고 그들은 구경꾼이었다.

그때 그곳을 지나가던 마을 신부가 그 장면을 목격하고 꼽추를 매질하는 무리들에게 호통을 치며 피투성이가 된 꼽추를 구출했다. 그러나 그 일로 인해 큰 충격을 받은 그는 강물에 투신하여 자살하였다. 동생이 죽었다는 사실을 알은 누이는 권총으로 자신의 목숨을 끊고 말았다.

누나와 동생의 자살 소식을 접한 신부는 자기가 관할하는 교구의 사람들이 모두가 이리와 같음에 탄식하면서 두 남매의 장례식을 집례하게 되었다. 장례식을 시작하자 사람들이 구경꾼으로 모였다. 신부는 그 마을 사람들을 바라보며 이렇게 설교했다.

주님, 이 세상 마지막 심판 날에 주님께서 나에게 묻기를, "네 양떼들은 어디 있느냐"고 물으신다면 "저는 모르겠습니다." 하고 대답할 것입니다

주님께서 다시 "네 양떼들은 어디 있느냐" 물으신다면 나는 여전히 "모르겠습니다" 하고 대답을 할 것입니다

주님께서 마지막으로 "네 양떼들은 어디 있느냐?" 물으시면 그때 나는 부끄러움과 송구함을 무릅쓰고 이렇게 대답 할 것입니다.

"주님이시여 저들은 양떼가 아니었습니다. 저들은 이리떼이었습니다."

Chapter 2

번제단

Chapter 2
번제단

- 십자가의 구속 -

"너는 조각목으로 장이 오 규빗, 광이 오 규빗의 단을 만들되 네모 반듯하게 하며 고는 삼 규빗으로 하고 그 네 모퉁이 위에 뿔을 만들되 그 뿔이 그것에 연하게 하고 그 단을 놋으로 쌀찌며 재를 담는 통과 부삽과 대야와 고기 갈고리와 불 옮기는 그릇을 만들되 단의 그릇을 다 놋으로 만들 지며 단을 위하여 놋으로 만들찌며 단을 위하여 놋으로 그물을 만들고 그 위 네 모퉁이에 놋 고리 넷을 만들고 그물은 단 사면 가장자리 아래 곧단 절반에 오르게 할찌며 또 그 단을 위하여 채를 만들되 조각 목으로 만들고 놋으로 쌀찌며 단 양편 고리에 그 채를 꿰어 단을 메게 할찌며 단은 널판으로 비게 만들되 산에서 네게 보인 대로 그들이 만들찌니라"(출 27:1~8).

　성막의 문을 들어서면 제일 먼저 만나는 것이 성막 뜰에 있는 번제단이다. 이곳은 이스라엘의 남녀 누구나 들어갈 수 있는 곳이다. 번제단에서는 죄인들의 죄를 전가 받은 제물이 희생되는 곳이다. 번제단은 예수 그리스도가 십자가에서 피 흘려서 우리의 죄를 대속하는 모형이다. 구원의 문으로 들어온 모든 백성은 번제단에서 죄 용서함을 받아야 한다. 죄 용서받기 전에는 누구도 지성소에서 거룩한 하나님을 만날 수 없다.

1. 번제단의 재료와 모형

1) 번제단은 놋으로 되어 있다.

번제단은 조각목에 놋을 씌워서 만들도록 했다. 그래서 번제단을 놋 제단이라고 한다. 성경에 놋이 상징하는 두 가지 의미가 있다

첫째는 심판이다.

> "여호와께서 폐병과 열병과 상한과 학질과 한재와 풍재와 썩는 재앙으로 너를 치시리니 네 머리 위에 하늘은 놋이 되고 여호와께서 비 대신에 티끌과 모래를 네 땅에 내리시니 그것들이 하늘에서 네 위에 내려서 필경 너를 멸하리라"(신 28:22-24).

하늘이 놋이 되는 심판의 내용은 폐병과 열병과 상한과 학질과 한재와 풍재와 썩는 재앙이다. 하늘이 놋이 되면 이름 모르는 질병과 재난이 쏟아진다. 그 때의 놋은 심판이다.

이스라엘 백성이 출애굽을 하고 길이 험하므로 모세와 하나님을 원망하다가 광야에서 서식하는 불 뱀에 물려서 죽게 되었다. 그때 하나님은 모세에게 명하기를 너희가 본 불 뱀의 모형을 놋으로 만들어 장대

에 달도록 했다. 저주와 심판의 상징으로 장대에 놋 뱀을 매 달았다.

"나무에 달린 자는 하나님께 저주를 받았음이니라"(신 21:23).

둘째, 강한 능력과 승리를 의미 한다.

"그 눈은 불꽃같고 그의 발은 풀무에 달련 된 빛난 주석 같으며"(계 1:15).

주석은 놋을 의미 한다. 놋은 승리와 심판 주 되시는 그리스도이다. 번제단이 놋으로 되어져 있다는 것은 예수 그리스도의 대속의 능력과 십자가의 승리를 모형으로 보여주는 것이다. 번제단은 곧 십자가의 모형이다. 우리는 십자가를 통하여 죄를 이기고 죽음을 이긴다.

칼 발트는 십자가에는 더블(W) 이미지가 있다고 하였다.
첫째는 내가 얼마나 큰 죄인이면 죄 없는 하나님의 아들 예수가 나를 대신해서 저주를 받아 십자가에서 죽으셨는가?
두 번째는 내가 얼마나 귀한 존재이기에 하나님의 아들이 십자가에서 나를 대신하여 죽으시고 나를 구원하셨는가!
십자가는 우리의 죄를 처단하는 심판임과 동시에 사죄의 은총과 구원의 승리이다. 번제단이 놋으로 되어 있는 것은 양면성이 있다. 한 면은 죄를 처단하는 심판이요 다른 한 면은 사죄의 은총과 구원의 승리이다.

호세아 선지자는 "아골 골짜기로 소망의 문을 삼아주리라"(호2:15) 했다. 아골은 '괴로움'이라는 뜻으로 아간이 죗값으로 돌에 맞아 죽은 괴로움의 골짜기이다. 그곳이 어떻게 소망의 문이 될 수 있는가?

아골 골짜기에서 죄인 아간의 죄를 처단하지 않으면 하나님은 다시는 그 백성과 함께 하지 않겠다고 하였다. 그러므로 여호수아는 죄인 아간을 찾아내어 아골 골짜기에서 처단하였다. 그 일은 괴로움이요 아픔이었지만, 죄인 아간을 처단하니 하나님은 다시 그 백성과 함께 하였다.

이스라엘은 첫 번째 아이 성 전투에서 아간의 죄로 인하여 패전하였지만 아골 골짜기에서 죄를 처단한 후 아이 성 전투에 재도전하여 크게 승리할 수 있었다. 이와 같이 회개에도 양면성이 있고 십자가에도 양면성이 있다. 번제단이 놋으로 되어 있다는 것은 저주와 축복, 심판과 승리, 양면성을 내포하고 있다.

2) 번제단의 뿔

번제단에는 4개의 뿔이 있다.

"그 네 모퉁이 위에 뿔을 만들되 그것을 놋으로 쌀지며"(출 27:2).

뿔은 두 가지 측면에서 생각할 수 있다.

첫째는 실용적인 면에서 그 뿔은 희생되어지는 짐승을 제단 뿔에 매어서 희생시켰다.

"줄로 희생을 제단 뿔에 맬지어다"(시 118:27).

둘째는 영적 의미가 있다.

제단 뿔은 심판과 구원의 능력을 상징적으로 비유하고 있다.
향단에도 4개의 뿔이 있다. 향단의 뿔은 실용적인 면에서는 뜻이 없으며 영적 상징일 뿐이다. 그러나 번제단의 뿔에는 실용적인 면 외에 영적인 상징의 뜻이 있다.

뿔은 심판의 상징이다.

뿔은 놋으로 만들어져 있다. 놋은 저주와 심판을 상징한다고 전술하였다. 뿔이 상징하는 것은 예수 그리스도의 복음 사역을 방해하거나 교회를 핍박하고 어지럽히면 저주와 심판을 받는다.

뿔은 능력과 구원의 상징이다.

향단의 뿔이 기도의 능력을 상징한다면 제단의 뿔은 성도들을 구원하는 복음의 능력이다.

> "내가 복음을 부끄러워하지 아니하노니 이 복음은 모든 믿는 자에게 구원을 주시는 하나님의 능력이 됨이라"(롬 1:16).

복음을 방해하거나 죄를 품고 있으면 심판이 따라온다. 그러나 복음을 믿고 죄를 회개하면 용서와 구원이 이뤄진다.

3) 번제단의 불

> "불은 끊이지 않고 단 위에 피워 꺼지지 않게 할지니라"(레 6:13).

번제단의 불은 1년 365일 항상 끊이지 않고 타고 있다. 속죄제는 온 이스라엘 회중을 위해서 매 절기마다 드렸고, 개인적인 죄를 위해서는 언제든지 드릴 수 있다. 하나님은 죄인이 그 죄로 인하여 죽는 것을 원치 아니하시고 회개하고 사는 것을 원하신다. 죄를 가지고 오는 자를 언제든지 용서하시기를 기다리고 계신다. 언제든지 죄 사함을 받게 하는 불은 끊이지 않고 타고 있다. 죄 사함을 받는 회개를 뒤로 미루지 말라.

2. 구약의 5대 제사가 번제단에서 이뤄졌다.

1) 번제(燔祭)- 제물 전부를 태워서 하나님께 올려 드렸다.(레 1:9)

2) 소제(素祭) - 모든 제사가 피 있는 제사임에 비하여 소제는 피 없는 제사로서 고운 곡물 가루를 드렸다.(레 2:1-16, 6:14-23)

3) 화목제(和睦祭) - 제물의 콩팥이나 내장과 간 주위의 기름은 제거하여 불에 태우고 가슴과 오른쪽 뒷다리는 제사장에게 드리고 나머지 고기는 가족과 더불어 먹으면서 교제를 가졌다.(레 3:1-17)

4) 속죄제(贖罪祭) - 하나님께 지은 죄에 대하여는 속죄제를 드렸다.

> 5) 속건제(贖愆祭)- 사람에게 피해를 입힌 죄에 대하여는 4배의 배상을 하고 제물을 드리도록 하였다.

3. 제물이 죽으면 하나님이 받으시고 살아 있으면 받지 않으신다.

제사장은 제물을 죽일 때에 단 한 번에 칼로 찔러서 죽여야 했다. 그리고 비둘기는 머리를 비틀어 끊었다.

> "만일 여호와께 드리는 예물이 새의 번제이면 산비둘기와 집 비둘기의 새끼로 예물을 삼을지니 제사장은 그것을 단으로 가져다가 그 머리를 비틀어 끊고 그 단 위에 불사르고 피는 단 곁에 흘릴 것이며"(레 1:14, 15).

제물은 완전히 죽어서 바쳤다. 비둘기는 머리를 비틀어 끊었다. 살아있는 것은 제물이 될 수 없다. 우리가 예수를 믿는다는 것의 첫 걸음이 그리스도와 함께 십자가에서 죽는 것이다.

> "내가 그리스도와 함께 십자가에 못 박혔나니 그런즉 이제는 내가 산 것이 아니요 오직 내 안에 그리스도께서 사신 것이라 이제 내가

> 육체 가운데 사는 것은 나를 사랑하사 나를 위하여 자기 몸을 버리신 하나님의 아들을 믿는 믿음 안에서 사는 것이라"(갈 2:20).

우리에게는 죽지 못하고 살아 있는 것들이 많다. 혈기가 아직 펄펄 살아 있고, 자존심이 살아서 뱀처럼 똬리 틀고 앉아 있다. 미워하는 감정, 상처받은 아픔이 곪아터질 듯이 성이 나 있다. 죽으면 아무 문제 될 것도 없고 죽으면 아픔도 괴로움도 미움도 없어진다. 아무리 큰 죄인이라도 송장을 가두어 두는 감옥은 없다. 죽으면 자유하고 죽으면 감옥에서 나간다.

예수 그리스도와 함께 옛 사람이 십자가에서 죽고 예수 그리스도와 함께 새 사람으로 부활하여야 한다. 죽으려니 자존심이 상하고 죽지 못하고 절반만 죽어서 믿음생활을 하려니 너무 괴롭다.

사도 바울은 "나는 날마다 죽노라" 했다. 한번만 죽지 않고 날마다 그리스도와 함께 십자가에서 죽는 삶이 십자가 신앙이다.

나의 옛 사람이 죽어야 새 사람이 살고 죄에 대하여 죽어야 의에 대하여 살고 자아가 죽어야 내 안에 거룩한 예수님이 나타난다.

날마다 육신의 생각이 죽으면 성령의 생각이 산다. 성령의 생각이 나의 혼을 지배할 때 거룩한 말을 하고 거룩한 행동을 할 수 있다. 그 행동이 반복되면 습관이 된다. 그 습관은 그 사람의 인격을 형성하고 그 인격은 그 사람을 성숙한 하나님의 사람으로 만든다.

육신의 생각이 나를 지배하면 저속한 말을 하고 저속한 행동을 하게 된다. 그 행동이 반복되면 그 사람의 습관이 된다. 그 습관은 그 사람의 인격을 비열하게 만들고 그 인격은 그 사람의 삶을 비운의 운명으로 만들게 된다.

제물이 희생된 것은 나의 죄 때문이다. 제물은 십자가에서 내 죄를 담당하고 대신 희생되어진 예수 그리스도의 모형이다. 예수 그리스도는 유월절 어린양으로 희생되어진 제물이 되신다.

4. 제물을 바치는 의식(儀式)

1) 희생의 헌납 - 제물을 드리는 자가 친히 예물을 가지고 와서 형편과 직분에 따라서 소나 양이나 염소 또는 비둘기를 헌납 하였다.
2) 안수 - 죄인이 희생 제물에 손을 얹고 죄를 고백하였다. 그리고 제사장이 죄인의 죄를 제물에 전가를 선언하였다.
안수하지 않은 것은 동물이고 안수하면 제물이다. 제물은 죽어야 한다. 하나님은 동물은 받지 아니하고 제물을 받으셨다.

　3) 제물을 죽인다 - 제사장은 죄를 전가 받은 제물을 죽였다. 죄의 결과는 사망을 의미한다.

　4) 피 뿌리는 일 - 희생 시킨 제물의 피를 받아 단 사면에 뿌렸다.

　5) 제물을 불로 태운다 - 전부를 하나님께 드린다는 의식이다.

　6) 분깃을 나눔 - 희생물 중 가슴과 뒷다리는 제사장에게 드리고 나머지는 가족과 나누어 먹었다. 이 의식은 화목제에 한하였다.

5. 화목제 - 하나님은 사랑이시다.

"만일 예물이 염소면 그것을 여호와 앞으로 끌어다가 그 머리에 안수하고 회막 앞에서 잡을 것이요 아론의 자손은 그 피를 단 사면에 뿌릴 것이며 그는 그 중에서 예물을 취하여 여호와께 화제를 드릴지니 곧 내장에 덮인 기름과 내장에 붙은 모든 기름과 두 콩팥과 그 위의 기름 곧 허리 근방에 있는 것과 간에 덮인 꺼풀을 콩팥과 함께 취할 것이요 제사장은 그것을 단 위에 불사를지니 이는 화제로 드리는 식물이요 향기로운 냄새라 모든 기름은 여호와의 것이니라. 너희는 기름과 피를 먹지 말라 이는 너희 모든 처소에서 대대로 영원한 규례니라"(레 3:12-17).

화목제물에서 "모든 기름은 여호와의 것"이며 불에 태우라고 하였다. 기름이 타는 그 냄새는 "하나님이 받으시는 향기로운 냄새" 라고 하였다. 내장에 붙은 기름과 콩팥과 간에 덮인 기름은 먹지 말고 불에 태워 다 하나님께 바치고 피는 먹지 말고 제단 주위에 부으라고 하였다.

언급한 동물의 기름을 먹으면 건강에 해로운 것이다. 동맥 경화증과 고혈압, 당뇨병과 같은 현대병의 원인이 되는 것들이다. 그리고 피에는 동물이 죽을 때 받는 스트레스로 인한 독소가 있다.

하나님은 사랑이시다. 사랑의 하나님께서 이런 것들은 하나님께 돌려 기름은 불에 태우고 피는 단 사면에 뿌리도록 한 것은 우리 인간을 사랑하시는 하나님 아버지의 배려였다. 그리고 짐승의 가슴과 오른쪽 뒷다리는 제사장에게 드리도록 하였다. 가슴은 사랑의 상징이다. 오른쪽 뒷다리는 가장 힘 있는 부분이다. 제사장은 하나님의 대리자이다. 마음을 다하고 힘을 다하여 하나님을 사랑하고 제사장과 화목하라는 의미이다.

레위기의 제사 제도는 구약의 복음서이다. 그리스도는 화목 제물이 되셨다. 화목제는 우리로 하여금 하나님과 교제할 수 있게 하시는 그리스도의 모형이다.

"이제 우리는 화목을 얻게 하신 우리 주 예수 그리스도로 말미암아 하나님 안에서 또한 즐거워하느니라"(롬 5:11).

"이제는 전에 멀리 있던 너희가 그리스도 예수 안에서 그리스도의 피로 가까워졌느니라. 그는 우리의 화평이신지라. 둘로 하나를 만드사 중간에 막힌 담을 허시고 원수 된 것 의문에 속한 계명의 율법을 자기 육체로 폐하셨으니 이는 이 둘로 자기의 안에서 한 새 사람을 지어 화평하게 하시고 또 십자가로 이 둘을 한 몸으로 하나님과 화목하게 하심이라"(엡 2:13-16).

6. 범죄자의 신분에 따라 제물은 구분되었다.

하나님께 드리는 제물은 범죄자의 신분과 능력에 따라서 구분 되었다.

* 기름 부음 받은 제사장이 범죄 했을 때 - 수송아지(레 4:3)
* 온 회중의 죄를 속하기 위해서 - 수송아지(레 4:13,14)
* 족장이 범죄 했을 때 - 숫염소(레 4:22,23)
* 일반 백성들이 범죄 했을 때 - 암 염소, 또는 암 양, 집비둘기나 산비둘기 한 쌍(레 4:27, 28, 32)
* 비둘기도 드릴 수 없는 가난한 자가 범죄 했을 때 - 고운 가루 에바 1/10(레 5:11-13)

율법의 규정은 피 흘림이 없이는 죄 사함이 없다. 그러므로 비둘기도 바칠 수 없는 가난한 자가 속죄의 제사를 드리기 위하여 고운 가루를 가져 왔을 때 제사장은 그 사람을 기다리게 하였다가 다른 사람이 양이나 비둘기를 가져 오면 그 사람의 제물에 곁들여서 죄 사함을 받게 하였다. 이것은 가난한 사람들까지 배려한 하나님의 큰 사랑이었다.

"너희 목마른 자들이 물로 나아오라 돈 없는 자도 오라 너희는 와서 사먹되 돈 없이 값없이 와서 포도주와 젖을 사라"(사 55:1).

범죄자의 신분에 따라 바쳐진 제물이 구분되었다는 점에서, 이 말씀은 오늘날 우리에게 적용하여 볼 수 있다.

만약 목사와 성도가 한 날 한시에 똑 같은 죄를 지었다고 가정하자. 그러면 하나님은 누구의 죄를 더 크게 묻고 다스릴 것인가? 그것은 두말할 것 없이 목사의 죄부터 다스릴 것이다.

기름 부음 받은 제사장이 죄를 범하면 수송아지를 드렸다. 또한 온 이스라엘 집단 회중의 죄를 속하기 위하여 수송아지를 드렸다. 제사장의 범죄는 온 회중의 범죄와 버금간다. 지도자는 더 큰 책임이 있는 것이다. 이와 같은 진리를 알지 못하고 장로와 목사의 직분을 탐한다면 야고보가 말한 것 같이 '선생 된 너희의 받을 심판이 더 크다.' 중한 직분에는 중한 책임이 따르는 법이다.

7. 번제단의 부속 그릇들

번제단에서 제물을 태우면 재가 쌓이게 된다. 번제단에서는 1년 365일 불을 꺼지지 않게 하였다. 제단에서 끊임없이 떨어지는 재를 처리하지 않고서는 계속해서 불이 탈 수 없다. 번제단을 위하여서 5개의 부속 그릇이 중요한 역할을 하였다.

사람은 그릇에 비유되었다.

"큰 집에는 금과 은의 그릇이 있을 뿐 아니라, 나무와 질그릇도 있어 귀히 쓰는 것도 있고, 천히 쓰는 것도 있나니"(딤후 2:20).

하나님은 사도 바울을 가리켜서 "이 사람은 내 이름을 이방인과 임금들과 이스라엘 자손들에게 전하기 위하여 택한 나의 그릇"(행 9:15)이라 했다.

호세아는 "이스라엘 백성이 열국 가운데 있는 기뻐하지 아니하는 그릇 같다."(호 8:8)고 탄식했다.

1) 고기 대야

고기 대야는 번제단에 올라 갈 고기를 담는 그릇이다.

교회에서 고기 대야 그릇으로 쓰임 받는 사람은 하나님 앞으로 제물이 될 사람을 데리고 오는 사람이다. 교회가 부흥이 되려면 고기 대야 그릇이 많아야 한다.

전도를 많이 하면 하늘에 상급이 크다. 전도하기를 원한다면 예수 자랑하고 은혜 자랑하여야 한다. 통계에 의하면 좋은 소식은 세 사람이나 네 사람까지 건너가고, 나쁜 소식은 열여섯 사람에게 전달되어진다고 했다. 좋은 말 하는 사람 네 사람이 나쁜 말 하는 한 사람 당하기가 어렵다. 전도하기를 원하면 부지런히 좋은 소식을 전하여야 한다. 배려하고 섬기고 희생하여야 한다.

2) 고기 갈고리

고기 갈고리는 고기 그릇의 제물(고기)을 찍어서 번제단에 올려놓는 기구이다. 삶에서 갈고리의 역할은 무엇일까? 이는 사랑의 갈고리이다. 많은 은사 중에 사랑의 은사는 모든 은사의 기본이 된다.

사랑이 없는 은사활동은 불법을 행하는 것이다. 사랑하기를 원하는 사람은 자기의 표정관리부터 잘 하여야 한다. 사람은 말 한마디를 하지 않아도 상대방을 기분 나쁘게도 할 수 있고, 말 한마디 하지 않아도 상대방에게 호감을 줄 수도 있는 것이 자기의 표정 관리이다.

사람의 마음에 상처를 주는 것은 사건 그 자체보다도 말에서 상처를 받고 얼굴 표정에서 기분이 상할 때가 많다. 사람의 얼굴은 작은 것이지만 이것이 요물이다. 사람의 얼굴 중에서 특별히 눈과 입은 뛰어나게 자기표현을 잘한다.

입은 작은 것이지만 하얀 이를 살짝 드러내고 웃어 줄 때는 분위기가 훈훈하여지고 사람을 기분 좋게 만든다.

이 세상에서 가장 아름다운 것은 꽃이 아니다.
이 세상에서 가장 아름다운 것은 사람이고
그 사람이 지니고 있는 교양 있는 웃음이다.

비웃음은 아주 기분 나쁘다.
쓴 웃음은 괴로운 데서 나온다.
억지로 웃는 웃음은 매인 사람의 웃음이다.
좋아서 웃는 웃음은 그 사람을 젊게 만들고 행복하게 한다.

간사한 웃음은 교활하다.

거짓된 웃음에는 음모가 있다.

웃음은 돈 안 들면서도 가장 쉽게 할 수 있는 우아한 봉사이다.

돈으로 봉사하는 것도 좋지만 먼저 돈 안 드는 봉사, 웃음으로 사랑의 갈고리 역할을 하여야 할 것이다.

3) 불 옮기는 그릇

불 옮기는 그릇은 제단의 제물 위에 불을 쏟아 제물을 불태우는 것이다. 제물은 번제단에서 태워져야 한다. 제물은 태워서 그 향기를 여호와께 드리는 것이다. 제물을 태우는 것은 불같은 성령의 역사이다.

교회는 성령 충만한 성도들이 있어야 한다. 불같은 성령으로 죄악이 소멸되고 하나님을 향한 열정이 있어야 한다. 하나님은 열정 있는 사람을 쓰신다. 기도에 열심 있고 성령의 감동이 있어서 능력이 파도쳐야 한다. 찬송에 성령의 감동이 있어야 한다. 말씀에 생명의 역사가 있어야 한다. 봉사에 충성스럽고, 말씀에 충만한 성도들이 있어야 한다.

사역에는 성령의 기름 부음이 필요하다. 그렇지 않으면 교회는 냉랭한 교회가 된다.

4) 부삽

제단에서 제물이 타면 재가 생긴다. 부삽은 그 재를 긁어서 재통에 담는 역할을 한다. 재를 긁어 내지 않으면 재가 쌓여서 제단의 불은 꺼진다.

재라는 것은 시험 꺼리다. 제물이 완전히 희생되기까지는 많은 재가 생긴다. 교회에는 말도 많고 시험도 많다. 지상의 교회에는 완전한 교회가 없다. 당신 자신이 불완전하기 때문에 불완전한 당신이 그 교회의 회원이 된 이상 그 교회는 불완전하다.

하등 동물인 돼지도 죽을 때는 꽥꽥거리며 닭을 잡아도 퍼덕거린다. 하물며 고등 동물인 인간이 제물이 되서 죽어지려니 별 소리가 다 나는 것이 당연지사다. 그래서 시험의 재는 쌓이고 그 재 때문에 제단 불은 활활 타지 못한다. 이 시험의 재를 긁어내는 데는 부삽이 있어야 한다. 교회는 이 사람, 저 사람의 시험을 긁어 담아 재를 처리하는 부삽 같은 성도가 있어야 한다. 그 사람은 화목케 하는 사람이며 평화의 사람이다.

5) 재를 담는 통 (재통)

부삽으로 긁은 재는 재통에 넣어서 뚜껑을 덮어야 한다. 재통에 담았다가 모아진 재는 진 밖에 버렸다. 재통에 담지 않는 재와 뚜껑을 열어 놓은 재통의 재는 바람에 날려서 온 성전을 더럽게 한다.

재통 같은 성도는 화목의 은사를 받은 자이며 기도의 능력자이다. 교회는 재통과 같은 사람이 많이 있어야 한다. 성도들에게 있는 재와 같은 시험을 긁어 담고 십자가 밑에 나가서 기도로 쏟아 놓는 재통 같은 성도가 되어야 한다.

재를 긁어 담았으면 그 재는 지정된 곳에 버려야 한다. 아무데나 버리면 안 된다. 교회 등록하고 이제 막 신앙 생활하는 성도에게 교회의 시험거리인 재를 쏟아놓으면 그 불은 꺼지게 마련이다.

재통에는 뚜껑이 있다. 재를 긁어 담으면 반드시 뚜껑을 닫아서 재가 날아가지 않도록 해야 한다. 아무에게나 입 뚜껑을 열지 말고 입 뚜껑을 꼭 닫으라. 예수님에게 가서 뚜껑을 열고 쏟아 놔야 한다.

하나님의 교회에서는 이러한 다섯 가지 그릇들이 있어야 한다.

전도의 사명자, 사랑의 은사자, 불 같이 뜨거운 열정의 사람들, 재를 잘 처리하는 지혜자, 그리고 시험이라는 재를 담아 영문 밖으로 가지고 나가는 지도자들이 있어야 한다. 이들이 다 자기 사명을 수행하여야 교회가 교회다워진다.

8. 쓰임 받는 그릇

인생은 하나님 손에서 쓰임 받는 크고 작은 그릇들이다. 그러면 하나님은 어떤 그릇을 기뻐하시고 어떤 그릇을 사용하실까? 하나님이 다윗을 보았을 때 "이는 내 마음에 합한 사람이라. 그를 통하여 내 뜻을 다 이루겠다"고 하였다.

1) 하나님은 깨끗한 그릇을 쓰신다.

> "누구든지 이런 것에서 자기를 깨끗하게 하면 귀히 쓰는 그릇이 되어 주인의 쓰심에 합당하여 모든 선한 일에 예비함이 되리라"(딤후 2:21).

하나님은 거룩하시다. 거룩하신 하나님이 우리에게 명령했다.

> "나는 여호와라. 내가 거룩하니 너희도 거룩 할지어다"(레 11:45).

'거룩'이라는 단어는 히브리어로는 '카다쉬'이고, 헬라어로는 '하기오스'이다 '카다쉬' 나 '하기오스'는 하나님 편에서 사용하면 거룩이고, 이 단어를 사람에게 쓰면 '깨끗한', '구별된' 그런 뜻이다. 깨끗하고 구별된 사람이 거룩한 사람이다.

우리는 땅에서 깨끗한 생활을 하여야 한다. 내가 그릇이라면 깨끗한 그릇이 되어야 하나님의 손에서 쓰임 받을 수 있다.

거룩하신 하나님은 죄로 인하여 더러워진 것을 용납하지 않으신다.

레위기는 정결한 것과 부정한 것을 구별하였다. 부정한 것이 그릇에 닿으면 그 그릇은 깨 버리라고 하였다.

"곤충의 죽은 시체가 질그릇에 떨어지면 그 속에 있는 것이 다 부정하여지나니 너는 그 그릇을 깨뜨리라"(레 11:33).

이 말씀은 죄와 접촉이 얼마나 무서운가를 보여주는 말씀이다.

죄로 더러워지면 깨뜨린다는 것이다. 깨뜨린다는 뜻을 찾아보면 '박살낸다.' '해고시킨다. '재산을 탕진한다' '흩어버린다' 이런 뜻이 있다.

죄로 인하여 해고되고, 죄로 인하여 재산이 탕진되고 죄가 재산을 흩어버린다. 죄로 인하여 몸이 박살난다. 거룩하신 하나님은 죄로 더러워진 그릇을 깨뜨린다.

죄가 무섭다. 하나님 나라는 죄가 없는 곳이며 거룩하신 하나님이 계신 곳이다. 거룩하신 하나님은 죄를 용납 않는다. 그런데 삶에서 죄 짓지 않고 산다는 것이 얼마나 힘들고, 깨끗하게 산다는 것이 얼마나 어려운가!

그래도 깨끗해야 한다.

우리 속에는 죄의 성향이 있어서 기회만 주어지면 육체의 욕심을 추구한다. 또 주위의 세상이 온통 죄로 물들어져 있다. 바탕이 죄악이고 존재가 죄성이다. 그래도 죄와 싸워야만 한다. 그래야 천국 백성이 될 수 있다.

"사람은 다 그래!!

마음은 원이로되 육신이 약해서!"

이렇게 합리화 하면 아니 된다. 천국에 들어가기를 원하는 자는 자기의 죄성과 싸워야 한다. 내 힘 가지고는 이길 수 없기에 성령의 도움을 구하면서 죄와 더불어 피 흘리기까지 싸워야 한다.

우리는 우리의 힘으로 죄를 씻을 수 없다. 그런데 씻어야 한다. 그래야 사는 길이 있다. 자신의 힘으로는 도저히 어쩔 수 없어서 절망을 경험한 사람이 예수를 만날 수 있다. 죄와 싸워보지 않은 사람은 죄에 대해 절망하지 않은 사람이다. 죄에 대해 절망하지 못한 사람은 죄와 더불어 피 흘리기 까지 싸워보지 못한 사람이다.

감리교의 창시자 웨슬레는 이런 말을 했다.

"나에게 사람을 달라. 죄 외에 아무것도 두려워하지 않고, 하나님 외에 아무것도 사랑하지 않는 100명의 사람을 달라. 그들이 성직자이건

평신도이건 나는 상관치 않는다. 바로 그들이 지옥의 대문을 흔들고 땅에서 하늘나라를 세울 것이다."

우리는 무엇으로 깨끗해 질 수 있는가?
회개를 통하여 예수 그리스도의 피로서 죄 씻음 받고 깨끗하여 진다. 하나님은 깨끗한 그릇을 사용하신다. 예수 그리스도의 거룩한 피 뿌림을 받아 죄를 씻은 사람이 깨끗한 그릇이다.

2) 하나님은 보배를 담은 그릇을 귀하게 여기신다.

사람의 육체는 깨어지기 쉬운 질그릇이다. 그러나 질 그릇 같은 인생 일지라도 그 속에 보배가 담겨져 있으면 그 보배로 인하여 질그릇까지 보호함을 받는다.

"우리가 이 보배를 질그릇에 가졌다"(고후 4:7).

보배는 무엇인가?
진리 되시는 예수 그리스도가 보배이다.
마음에 예수를 품은 자가 보배를 가진 자이다.
마음에 하나님의 뜻을 이루고자 하는 사명감이 보배이다.

나를 통하여 이루시고자 하는 하나님의 뜻을 발견하고 사명을 찾아야 한다.

오프라 윈프리는 자신의 자서전《이것이 사명이다》에서 사명에 관한 그녀의 네 가지 인생철학을 밝혔다.

"첫째로 남보다 더 많이 가졌다는 것은 축복이 아닌 사명이다. 둘째로 남보다 더 아파하고 있다면 그것은 고통이 아닌 사명이다. 셋째로 남보다 설레는 것이 있다면 그것은 망상이 아닌 사명이다. 넷째로 남보다 부담 되는 것이 있다면 그것은 강요가 아닌 사명이다."

내 마음에 있는 부담감이나 열정이 식어지지 않는 사명이 하나님의 뜻이다. 그 뜻을 품은 자는 보배를 품은 자이고 하나님은 가슴에 보배를 품은 자를 사용하신다.

또한 하나님의 영광에 살고자 하는 목적의식이 보배이다. 금 같은 믿음이 보배이며 하나님을 향한 사랑이 보배이다. 질 그릇 같은 인생의 가슴에 보배를 간직할 때 그 보배로 인하여 질그릇까지 보호 받고 귀히 쓰임 받는다.

간증-

목사 임직을 받기 전에 공직생활을 한 적이 있었다. 사회 유능 인사들의 모임을 주선한 일이 있었는데. 그 파티에는 많은 귀부인들이 참석 하였다. 그 중에 한 부인은 학원 원장으로 지역 사회에 잘 알려진 분이었다. 그 분은 귀걸이, 목걸이, 팔지, 가락지 등의 보석으로 꾸미고 나왔다. 나는 그분의 목걸이를 보면서 말을 건 냈다.

"원장님, 그 목걸이가 그 옷에 잘 어울립니다."
" 예쁘게 봐 주어서 감사합니다."
"그런데, 그 목걸이 혹시 가짜 아닙니까?"

이 분은 이런 질문은 받고도 전혀 개의치 않았다. 오히려 활짝 웃으며 말했다.

" 이것 모조품 이예요. 이것 가짜인줄 어떻게 아셨지요? "

이 분은 돈이 많은 분이었지만, 진짜 보석은 음행 금고에 두었다. 그리고 외출을 할 때는 진짜와 꼭 같은 가짜를 끼고 외출을 한다는 것을 알고 있었다. 이 분은 진짜가 있기에 "그 목걸이 가짜 아닙니까?" 하는 질문을 받고도 전혀 얼굴이 붉어지지 않고 여유가 있었다. 그러나 만약 그 분이 정말 가난해서 가짜를 목에 걸었다면 이런 여유는 없었을 것이다.

　오늘 우리는 왜 이렇게 여유가 없는가? 왜 이렇게 시끄러운 소리가 나는가? 빈 수레가 더 요란하다. 내 속에 예수 진리가 없기 때문이다. 예수 진리가 내 속에 있다면 시끄러운 소리는 나지 않을 것이다. 예수 보배를 가진 사람은 여유가 있다. 내 안에 예수가 있는 사람은 말 한마디에 마음이 요동치지 않는다.

Chapter 3

물두멍

Chapter 3
물두멍

-거듭남 이후의 죄 문제-

"여호와께서 모세에게 일러 가라사대 너는 물두멍을 놋으로 만들고 그 받침도 놋으로 만들어 씻게 하되 그것을 회막과 단 사이에 두고 그 속에 물을 담으라. 아론과 그 아들들이 이 두멍에서 수족을 씻되 그들이 회막에 들어갈 때에 물로 씻어 죽기를 면할 것이요. 단에 가까이 가서 그 직분을 행하여 화제를 여호와 앞에 사를 때에도 그리할지니라. 이와 같이 그들이 그 수족을 씻어 죽기를 면할지니 이는 그와 그 자손이 대대로 영원히 지킬 규례니라"(출 30:17~21).

1. 물두멍의 위치와 그 교훈

성막의 동쪽에 있는 문으로 들어가면 성막 뜰이고, 그곳에서 먼저 번제단을 만난다. 번제단에서는 희생되어진 제물을 불에 태우고 제물의 피를 뿌렸다. 그리고 제사장은 성소에 들어가기 전에 반드시 물두멍에서 손과 발을 씻어야 한다. 그렇지 않으면 죽음을 면 할 수 없다.

"손과 발을 씻되 회막에 들어갈 때 물로 씻어 죽기를 면할 것이요"(출 30:20).

성소에 들어가려면 먼저 물두멍을 통과하여야 한다. 물두멍의 위치는 번제단과 성소의 문에 이르는 그 중간에 위치한다.

번제단이 그리스도의 십자가의 희생을 상징한다면 성소는 장차 들어갈 천국을 상징한다. 그렇다면 십자가로 구속 받은 성도들이 천국에 들어가기를 원한다면 거듭난 이후에 지은 죄가 씻음 받아야 한다.

오늘날 성도의 위치는 어디인가?

성도는 번제단에서 예수 그리스도의 십자가 의를 전가 받은 사람들이다. 예수님이 베드로에게 말씀 하신대로 이미 목욕한 자다. 그렇다고 죄 없는 자는 아니다. 목욕은 하였어도 날마다 손과 발을 씻어야 한다. 거듭난 이후에 죄를 지었다면 지은 죄에 대하여 회개하여야 한다.

1) 수족을 씻어 죽기를 면하라.

"손과 발을 씻되 회막에 들어갈 때 물로 씻어 죽기를 면할 것이요"(출 30:20).

예수 믿고 한 번 회개한 것으로 만족해서는 안 된다. 예수 그리스도의 보혈로 속죄함을 받았지만 계속해서 말씀과 함께 성령이 깨닫게 하여주는 은혜로 죄를 회개하여야 한다. 예수 그리스도의 피는 우리의 죄를 덮으며 성령과 말씀은 죄로 오염된 마음을 씻기어서 거룩하게 한다.

> "만일 우리가 우리 죄를 자백하면 저는 미쁘시고 의로우사 우리 죄를 사하시며 모든 불의에서 우리를 깨끗하게 하실 것이요"(요일 1:9).

우리는 죄를 지을 때마다 죄를 씻는 회개가 필요하다. 이 일은 천국 문에 들어가는 그날까지 계속되어져야 한다. 우리가 중생의 죄 씻음을 단번에 얻었다 할지라도 우리가 긍휼하심을 받고 때를 따라 돕는 하나님의 은혜를 얻기 위해서는 은혜의 보좌 앞에 날마다 나가야 한다. 이것은 성화의 과정이다. 성화는 하루아침에 이루어지는 것이 아니다. 매일 매일의 죄 씻음 받는 성결의 과정을 통해서 이루어진다.

예수님이 십자가를 지시기 전 날 밤에 제자들의 발을 씻기셨다. 이것은 당시 종이 주인의 발을 씻기고, 낮은 자가 높은 자의 발을 씻기는 상식을 뛰어넘어서 행하여 진 일이다. 선생이 제자의 발을 씻겼고 주인이 종의 발을 씻겼던 것이다.

예수님이 허리에 수건을 두르고 베드로의 발을 씻기려하자 베드로는 내 발은 절대로 씻기지 못한다고 했다.

  예수님과 베드로의 대화는 이렇게 진행되었다. (요 13:6-10)

"주여, 주께서 내 발을 씻기시나이까?"
"나의 하는 것을 네가 이제는 알지 못하나 이 후에는 알리라"
"내 발을 절대로 씻기지 못하시리이다."
"내가 너를 씻기지 아니하면 네가 나와 상관이 없느니라."
"주여, 내 발 뿐 아니라 손과 머리도 씻겨 주옵소서."
"이미 목욕한 자는 발밖에 씻을 필요가 없느니라. 온 몸이 깨끗하니라."

 예수님과 베드로의 이 대화에서 우리의 믿음생활에 중요한 원리를 말씀하고 있다.

 예수님이 베드로에게 "내가 너를 씻기지 아니하면 네가 나와 상관이 없다"고 하자 베드로는 그러면 "내 발 뿐만 아니라 손과 머리도 씻겨 달라"고 했다. 그때 예수님은 "이미 목욕한 자는 발밖에 씻을 필요가 없느니라."고 했다.
 목욕을 하였다는 것은 예수 그리스도를 믿고 거듭났다는 것이다.

번제단에서 죄 씻음 받고 십자가의 구속의 은혜를 받았다는 것이다. 그리고 발을 씻는 다는 것은, 목욕을 하였을 지라도 매일의 삶에서 짓는 죄를 날마다 회개하여야 한다는 의미다.

베드로는 이미 예수를 믿는 신앙고백이 이뤄진 사람이다. 가이사랴 빌립보 지방에서 예수님이 제자들에게 묻기를 너희는 나를 누구라 믿느냐? 물었을 때에 베드로는 대답하였다.

"주는 그리스도시오 살아계신 하나님의 아들입니다."

예수님은 베드로의 신앙고백을 받고 그를 축복하였다.

"요나의 아들 시몬아 네가 복이 있다. 내가 너에게 천국 열쇠를 주리니 음부의 권세가 이기지 못하리라."

베드로는 이미 거듭났다. 그런데 베드로는 오늘도 예루살렘으로 가는 길에서 제자들끼리 서라 높은 자리 차지하려고 분내고 다투었다.
예수님은 "내가 너를 씻기지 아니하면 네가 나와 상관이 없다."고 하였다. 예수님과 상관이 없는 사람이 어떻게 천국에 들어갈 수 있는가? 매일 매일의 짓는 죄를 회개함이 없다면 예수님과 상관이 없는 자이다.

에스겔 선지자도 이 사실을 강조해서 말했다.

> "악인이 만일 그 행한 모든 죄에서 돌이켜 떠나 내 모든 율례를 지키고 정의와 공의를 행하면 정녕 살고 죽지 아니할 것이라. 그 범죄한 것이 하나도 기억함이 되지 아니하리니 그 행한 의로 인하여 살리라. 나 주 여호와가 말하노라 내가 어찌 악인의 죽는 것을 조금인들 기뻐하랴 그가 돌이켜 그 길에서 떠나서 사는 것을 어찌 기뻐하지 아니하겠느냐"(겔 18:21-23).

일생을 악하게 살아온 악인일지라도 마지막에 회개하면 정녕 살고 죽지 않는다는 말씀이다. 24절부터는 그 반대의 말씀이다.

> "만일 의인이 돌이켜 그 의에서 떠나서 범죄하고 악인의 행하는 모든 가증한 일대로 행하면 살겠느냐 그가 행한 공의로운 일은 하나도 기억함이 되지 아니하리니 그가 그 범한 허물과 그 지은 죄로 인하여 죽으리라"(겔 18:24).

평생 의를 행하며 살았다 할지라도 마지막 악을 행하고 회개하지 못했다면 이 사람은 구원에서 누락된다는 말씀이다. 지금까지 그가 행한 의로운 일은 하나도 기억함이 되지 않는다고 하였다. 구원 받을 수 없다는 것이다.

분명 일생을 선하게 살면서 목회를 한 목사도 지옥에 있을 수 있다. 그리고 천국에 가면 저 사람은 세상에서 정말 악인으로 살았는데 하는 사람도 천국에 있을 수 있다. 그러므로 오늘도 교도소에서 전도하는 것이다.

경기의 승부는 결승에 있다. 초반에는 잘 뛰었다 할지라도 후반에서 역전패 할 수도 있고, 초반에는 경기가 부진하였을지라도 후반에 역전승 할 수도 있다. 그러므로 마지막 죽음 앞에서 회개가 중요하다. 날마다 회개하는 사람이 죽음 앞에서도 회개가 쉽게 이뤄진다. 악한 영들이 죽음 앞에서 회개가 이뤄지지 못하게 흑암의 세력으로 심령을 덮기 때문이다.

교회 안에는 크리스천이라 할지라도 회개 없이 신앙생활 하는 분들이 많다. 그냥 교회만 다니지 기도생활이 없고 평생 교회는 다녔지만 옳은 일 한 번 하지 못하고 교회만 다닌다. 거기에다가 선을 행하는 것 보다 죄를 짓는 것이 더 많다. 분 내고, 다투고, 욕하고, 비난하고, 남을 배려하지 못하고, 움켜쥐고 자기만을 위한 믿음생활을 하고 있다면 이런 사람은 종교생활을 하고 있는 것이다.

많은 사람들이 회개의 중요성을 알지 못해서 예수 그리스도는 믿었는데 거듭난 이후에 짓는 죄를 소홀히 취급하다가 구원에서 낙오된다.

이단으로 규정된 기쁜소식선교회를 줄어서 구원파라고 한다.
구원파에 속한 사람들은 한 번 거듭난 이후에는 회개 기도가 없다. 죄와 저주는 예수님이 십자가에서 다 가져갔다는 것이다. 거듭난 사람이 회개 기도를 하는 것은 마귀에게 속한 자들이 하는 것이라고 한다. 구원파의 말을 믿고 신앙생활 하다가 거듭난 이후에 짓는 죄를 회개하지 못한 혼은 다 지옥으로 가는 것이다. 100% 지옥 가는 것이다. 한 번 구원은 영원한 구원 이라고 가르쳐서 회개를 무시하는 구원파의 교리나, 이에 동조하는 일부 목사들은 귀신에게 속았다는 것을 깨달아야 한다. 구원파의 교리는 사단이 주는 영감을 받은 것이고 믿는 사람들을 미혹하여 지옥으로 끌고 가는 함정을 만들어 놓은 것이다.

한 번 구원은 영원한 구원이라고 주장하는 사람들에게 우리는 반문할 수 있다.
"당신은 거듭났는데 왜 교회 다닙니까?
"천국의 생명록 책에 이미 이름이 기록되어져 있는데, 앞으로 무슨 죄를 지어도 그 이름은 지워지지 않는다면 왜 교회 다닙니까?"

이에 비하여 칼뱅의 교리는 어떠한가?

장로교단이고 장로교 성도라면 칼뱅의 5대 교리를 알고 있다.

1) 인간의 전적 타락

2) 무조건적인 선택

3) 제한 속제

4) 불가항력적 은혜

5) 궁극적 구원 - 다른 말로 견인의 교리라고 한다.

　

장로교 안에서 칼뱅을 보면 칼뱅은 위대한 신학자요 루터와 더불어 종교 개혁자이다. 그러나 장로교 밖에서 칼뱅을 연구하면 칼뱅은 목사로서 제네바 시 의회 의장으로 재직하면서 자기와 사상이 맞지 않는 사람을 공식적으로 58명을 화형을 시켰다. 그 당시 제네바 시 인구가 12,000이었다. 너무나 많은 사람을 죽였다. 비공식적으로 죽인 사람도 너무 많다. 이렇게 사람을 많이 죽인 사람이 회개는 하였는가?

칼뱅은 장로교회의 창시자이다. 칼뱅주의는 칼뱅이 주장한 교리가 옳다고 믿고 따라가는 것이다. 칼뱅의 교리가 성경보다 앞설 수는 없다. 칼뱅에게도 잘못된 것이 있을 수 있다. 그래서 우리는 칼뱅주의자가 아니라 개혁하고 성경으로 돌아가야 한다는 입장이어야 한다.

　

칼뱅의 5대 강요 중에 견인의 교리를 간단하게 요약하면 이렇다.

하나님에 의하여 선택 받고, 예수그리스도로 말미암아 죄 사함 받고, 성령으로 거듭난 사람은 전능하신 하나님의 능력으로 믿음을 유지하며, 그 결과 영원한 구원을 받게 된다는 것이다. 더 간추려 요약하면 한번 선택 받고 예수를 믿어 성령으로 거듭난 사람의 혼은 다시 멸망하지 않고 마지막 날에 다 천국에 입성한다는 것이다.

칼뱅의 교리 신봉자들은 말하기를 우리가 예수 그리스도를 구주로 고백하고 성령으로 말미암아 거듭나면 그 구원은 영원히 지속된다고 한다. 그러면 거듭난 이후에 짓는 죄는 어떻게 되느냐는 질문을 받는다. 구원파에서는 회개하는 사람은 마귀에게 속한 사람이라고 정죄한다.

칼뱅의 구원론은 한 번 거듭난 사람이 짓는 죄는 천국 가는 데는 지장이 없고, 다만 천국에서 상급이 없어진다고 한다. 칼뱅의 교리를 믿으면 구원 받는데 무척 안심이 된다. 사람들은 천국에서의 상급은 그렇게 중요하게 생각 안하기 때문이다.

그리고 한편에서는 이렇게 주장한다.

'거듭난 사람이 죄를 지으면 마지막에 성령이 그를 회개시키어서 천국에 들어간다.'

이것 역시 성령의 속성을 몰라서 하는 말이다. 우리가 죄를 지으면 성령이 근심하다가 나중에는 탄식한다. 내가 성령의 탄식을 무시하고 회개하지 않으면 성령은 인격자이기에 강제로 회개시키지 않는다는 사실이다.

거듭남은 구원의 시작이다. 그런데 칼뱅주의자들은 구원의 시작을 구원의 완성으로 설명했다. 거듭남은 구원의 시작이다. 이제 두렵고 떨림으로 구원을 이뤄나가는 것이다.

장로교회와 침례교회는 칼뱅의 교리를 따르기 때문에 대부분의 성도들이 거듭남을 구원의 완성으로 믿고 안일하게 신앙생활하고 있다.

지금까지 만들어진 전도지가 다 예수 그리스도를 입으로 시인하고 거듭나면 영생 천국이라는 주제로 전도지를 만들었다. 그렇게 믿다가 거듭난 이후에 짓는 죄를 소홀히 하여서 회개 없는 믿음 생활을 하다가 구원에서 낙오된다면 그 억울함이 얼마나 클까!

칼뱅의 교리에 의하면 목사나 장로, 권사, 집사는 다 천국 갈 수 있다. 목사가 거듭남의 체험 없이 목회하지 않고, 장로나 권사 집사는 모두 다 예수님에 대한 신앙고백을 하였고, 거듭난 사람들이다. 거듭남이 있었기에 세례 받았고 직분을 받았다. 거듭나지 않은 사람은 교회에서 집사나 권사, 장로 또는 목사의 직분을 받을 수가 없다. 그러나 지옥에는 너무나 많은 기독교인들이 있다는 사실을 부정할 수가 없다.

중생한 이후에 짓는 죄에 대한 회개를 소홀히 하는 것은 구원론에서

암과 같은 것이다. 우리는 칼뱅의 교리를 붙잡지 말고 예수님을 붙잡아야 한다.

성경은 성령의 감동을 입은 사람들이 기록하였다. 그러므로 기도하면서 성경을 읽으면 성령이 우리를 깨우쳐 줄 것이다. 성경으로 돌아가야 한다.

2. 물두멍의 재료와 그 교훈

> "물두멍을 놋으로 만들고 받침도 놋으로 만들어 회막과 단 사이에 두고 그 속에 물을 담으라"(출 30:18).

물두멍의 재료는 놋이었으며 그 받침도 놋이었다. 놋은 '승리'와 '하나님의 심판'이라고 언급하였다.

번제단에서는 십자가의 구속을 통한 지금까지의 죄가 용서 받았다. 물두멍에서는 거듭남 이후에 짓는 죄를 처리하는 곳이다.

물두멍의 크기와 규모에 대해서는 언급이 없다. 성막의 모든 기구는 규격과 모형에 대해서 자세히 말씀하고 있다. 그러나 유일하게도 물두멍에 대해서는 규격에 언급이 없다. 물의 양에 대해서도 제한이 없다. 이것은 회개하는 자에게는 하나님 아버지의 무한한 용서를 의미

한다.

"내 형제가 내게 죄를 범하면 몇 번이나 용서하여 주리이까 일곱 번까지 하오리까?"(마 18:21).

예수님 당시 랍비들의 교훈은 세 번까지 용서하라고 했다. 베드로는 예수님의 수제자쯤 되었으니 랍비들 보다는 훌륭하다고 생각하고 예수님에게 자문하고 자답하기를, '주여, 형제가 내게 죄를 범하면 몇 번까지 하오리까? 일곱 번까지 하오리까?(마18:21)하고 자문자답하였다. 이때 예수님의 대답은 "일곱 번뿐 아니라 일곱 번을 일흔 번까지라도 할지니라."(마 18:22) 하셨다. 바른 회개가 이뤄지면 용서는 무제한이다.

죄는 심판이 따른다. 그러나 회개하는 자에게는 사죄의 은총이 주어진다.

3. 회개는 어떻게 할 것인가?

믿음과 더불어 중요한 것은 회개하는 것이다. 믿기만 하면 죄가 다 없어지는 것이 아니라 회개가 이뤄져야 한다. 이스라엘이 전통적으로 하여 온 회개는 굵은 베옷을 입었고 재를 뒤집어썼다.

성경적으로 어떻게 회개하여야 할 것인가?

1) 죄로 인한 하나님의 징계와 심판을 두렵고 떨리는 마음을 가져야 한다.

"무릇 마음이 가난하고 심령에 통회하며 나의 말을 인하여 떠는 자 그 사람은 내가 권고하려니와"(사 66:2).

"하나님의 구하시는 제사는 상한 심령이라 하나님이여, 상하고 통회하는 마음을 주께서 멸시치 아니 하시리이다"(시 51:17).

"지극히 존귀하며 영원히 거하시며 거룩하다 이름 하는 이가 이와 같이 말씀하시되 내가 높고 거룩한 곳에 있으며 또한 통회하고 마음이 겸손한 자와 함께 있나니 이는 겸손한 자의 영을 소생시키며 통회하는 자의 마음을 소생시키려 함이라"(사57:15).

2) 내가 잘못했습니다 하는 입술의 고백이 있어야 한다.

"우리가 우리 죄를 고백하면 신실하시고 의로우신 하나님은 우리 죄를 용서하시고 모든 죄악에서 우리를 깨끗하게 하실 것입니다"(요한 1:9).

"너는 말씀을 가지고 여호와께로 돌아와서 아뢰기를 모든 불의를 제하시고 선한 바를 받으소서. 우리가 입술로 수송아지를 대신하여 주께 드리리이다"(호 14:2).

말씀을 가지고 여호와께로 돌아오라는 것은 "내가 잘 못했습니다." 하는 입술의 고백으로 하나님께 돌아오라는 말씀이다. 하나님은 수송아지 가지고 오지 않아도 된다. 다만 "하나님 아버지! 내가 잘못했습니다." 하는 그 고백으로 수송아지를 대신 하라는 것이다. 죄를 구체적으로 고백할 때 성령의 깊은 터치와 회개가 이뤄진다.

3) 몸에서 단장품을 제하라.

"백성이 이 황송한 말씀을 듣고 슬퍼하여 한 사람도 그 몸을 단장하지 아니하니 여호와께서 모세에게 이르시기를 이스라엘 자손에게 이르라 너희는 목이 곧은 백성인즉 내가 순식간이라도 너희 중에 행하면 너희를 진멸하리니 너희 단장품을 제하라 그리하면 내가 너희에게 어떻게 할 일을 알겠노라 하셨음이라. 이스라엘 자손이 호렙 산에서부터 그 단장품을 제하니라"(출 33:4-6).

조문 가는 사람이 몸에 거창한 액세서리를 달고 가는가?
나는 울어야 할 사람이고, 나는 회개하여야 할 사람이다. 그런데 먹고 즐기자 하면 너희 죄는 영영히 사함을 받지 못한다고 했다.

이스라엘 백성이 하나님을 배역하고 금송아지를 섬긴 죗값은 죽음이었다. 죽을 죄인이 그 몸에 단장품이 있다면 회개가 없다는 것이다. 그러므로 하나님은 몸에서 단장품을 제하라고 말씀하였다. 그렇지 않으면 진멸하겠다고 하셨다.

죽어 가는 암 환자의 귀에 달린 귀고리는 결코 아름다움도 아니고 오히려 거추장스러운 것이다. 내가 죽어 마땅한 죄인이라고 깨닫고 회개한 사람과 예수 만난 사람은 내 몸에 있는 액세서리들이 왠지 매력도 없고 거추장스러울 뿐이다.

4) 죄를 깊이 깨달으면 자기 볼을 칠 수 밖에 없다.

유대나라가 우상숭배의 죗값으로 바벨론에 망하고 그 백성은 포로가 되어 바벨론으로 끌려갔다. 거기서 그 백성은 지난 날 하나님을 바로 섬기지 못하고 우상숭배를 한 죄를 깨닫고 뉘우치며 자기 볼기를 때리며 회개한다는 말씀이다.

> "내가 돌이킴을 받은 후에 뉘우쳤고 내가 교훈을 받은 후에 내 볼기를 쳤사오니 이는 어렸을 때의 치욕을 진고로 부끄럽고 욕됨이니이다"(렘 31:19).

5) 눈물을 강물처럼 흘리며 부르짖어라.

"너는 밤낮으로 눈물을 강처럼 흘릴지어다. 스스로 쉬지 말고 네 눈동자로 쉬게 하지 말지어다. 밤 초경에 일어나 부르짖을지어다. 네 마음을 주의 얼굴 앞에 물 쏟듯 할지어다"(애 2:18-19).

6) 금식하라.

"여호와의 말씀에 너희는 이제라도 금식하며 울며 애통하고 마음을 다하여 내게로 돌아오라 하셨나니 너희는 옷을 찢지 말고 마음을 찢고 너희 하나님 여호와께로 돌아올지어다. 그는 은혜로우시며, 자비로우시며, 노하기를 더디 하시며, 인애가 크시사 뜻을 돌이켜 재앙을 내리지 아니하시나니"(요엘 2:12-13).

니느웨 백성은 요나의 말을 듣고 왕에서부터 백성까지 금식을 선포하고 회개하였다. 그럴 적에 하나님은 그 성의 멸망에 대한 뜻을 돌이키셨다.

금식은 시간을 메꾸는 금식이 아니라 오직 하나님께 마음을 쏟아놓아야 한다. 금식 중에 오락을 하지 말고, 시장 보러 가지 말고 말씀을 읽고 기도하는 일에 전념하여야 한다.

금식 기도는 흉악한 멍에를 꺾어 버린다. 마귀는 금식의 능력을 알기 때문에 바른 금식을 하지 못하도록 방해한다.

7) 그 죄에서 떠나라.

> "내 이름으로 일컫는 내 백성이 그 악한 길에서 떠나 스스로 겸비하고 기도하여 내 얼굴을 구하면 내가 하늘에서 듣고 그 죄를 사하고 그 땅을 고칠지라"(대하 7:14).

죄에서 돌아서지 않고 그 죄를 반복한다면 결코 회개한 것이 아니다.

4. 회개하면 하나님은 어떻게 하시는가?

건강한 사람은 잘 먹고 배설을 잘 하여야 한다. 먹지 못하면 영양실조이고 온갖 기능이 다 약하여 진다. 잘 먹는데 배설하지 못하여도 온몸에 독성으로 말미암아 죽는다. 하나님의 말씀을 잘 먹고 내 속에 더러운 악과 독을 쏟아내야 한다. 그것이 바로 회개이다.

1) 회개가 이뤄지면 하나님은 내리시기로 한 재앙에 대하여 뜻을 돌이킨다.

> "만일 나의 말한 그 민족이 그 악에서 돌이키면 내가 그에게 내리기로 생각하였던 재앙에 대하여 뜻을 돌이키겠고"(렘 18:8).

"악인이 만일 그 행한 모든 죄에서 돌이켜 떠나 내 모든 율례를 지키고 법과 의를 행하면 정녕 살고 죽지 아니할 것이라. 그 범죄한 것이 하나도 기억함이 되지 아니하리니 그 행한 의로 인하여 살리라"(겔 18:21-22).

2) 그 죄를 기억하지 않는다.

"다시 우리를 긍휼히 여기셔서 우리의 죄악을 발로 밟으시고 우리의 모든 죄를 깊은 바다에 던지시리이다"(미 7:19).

"동이 서에서 먼 것 같이 우리 죄과를 우리에게서 멀리 옮기셨으며"(시 103:12).

사람은 용서한 죄도 다시 생각이 나서 그 일을 다시 끄집어내지만 하나님은 회개한 자의 죄는 망각의 바다에 던지시고 기억하지 않는 놀라운 사랑의 능력을 가지고 계신다.

3) 재난에서 피할 길을 주신다.

다윗이 중년에 충신 우리아의 아내 밧세바를 탐내고 그녀를 왕궁에 끌어들여 간음하였다. 밧세바로부터 임신이 되었다는 연락을 받자 그 죄를 엄폐하려고 전쟁 중에 있는 요압 장군에게 명령하여 우리아를 전선의 가장 앞에 세워 돌격명령을 내리고 적군의 칼에 죽게 하였다.

다윗이 행한 그 죄는 살인에 버금가는 죄였다. 그러나 그가 회개하였을 적에 다윗은 그 죗값으로 고난은 받았지만 죽을 수밖에 없는 상황에서 죽음을 면할 수 있도록 길을 열어주셨다.

예수 그리스도는 반석이 되신다. 죄를 짓고도 회개하지 않는 자에게는, 그 반석이 내게 떨어지는 바위가 되어 나를 깨버리고 가루로 흩어 버린다. 그러나 어떤 죄를 지었더라도 진정으로 회개하는 자에게는 반석이 되시는 예수 그리스도가 그를 받쳐주는 바위가 될 것이다.

5. 물두멍은 회막 문에서 시중드는 여인들의 거울로 만들었다.

옛날의 거울은 놋 거울이었다. 현대와 같이 유리로 된 깨끗한 거울은 13세기 이후에 나타난 것이다. 옛날에는 놋에다 기름칠 한 놋 거울을 사용하였다. 그 놋 거울은 희미하게 보였다. 그래서 바울 사도는 말하기를 "우리가 이제는 거울로 보는 것 같이 희미하나 그때에는 얼굴과 얼굴이 대하여 볼 것이요" (고전 13:12) 했다.

이스라엘 여인들이 그들의 필수품인 놋 거울을 하나님께 바쳤고 그 거울로 물두멍을 만들었다.

내 신앙의 거룩함을 유지하기 위해서는 하나님에게 가장 값진 것이 바쳐져야 한다.

성경은 한 사람이 두 주인을 섬길 수 없다고 하였다. 사탄이 하나님과 대적 관계에 있지만 결코 하나님과 대등하게 놓이지 않았다. 그러나 하나님과 대등한 자리에 놓여진 것이 있는데 그것이 재물 곧 돈이다. 두 주인 중에 하나는 하나님이고 다른 한 주인은 재물이다.

돈이 하나님과 대등한 자리에 놓여있다. 돈은 그만큼 위력이 있으며 우리 삶에 큰 영향을 주고 있다. 돈 때문에 생명까지 버리고, 돈 때문에 정경유착이 되고 부모의 유산 때문에 형제간에도 싸운다.

내 마음이 가 있는 그 돈이 어디에 사용되어지는가에 따라서 내 마음도 거기에 가 있다.

"네 보물이 있는 그 곳에 네 마음도 있느니라"(마 6:20).

내 마음이 어디에 가 있는가를 알려면 내 돈이 어디에 쓰여지고 있는가를 보면 알 수 있다. 내 돈이 애인에게 쓰여지고 있다면 내 마음은 애인에게 가 있다. 내 돈이 술집에 쓰여지고 있으면 내 마음은 술집에 있다.

내 돈이 놀음판에 쓰여지고 있다면 내 마음은 놀음판에 가 있다. 내 물질이 하나님의 복음 사역에 쓰여지고 있다면 내 마음은 주님에게 있다.

　중동의 격언에 이런 격언이 있다

"당신이 태어날 때 당신은 울고 세상은 기뻐했다. 당신이 죽을 때는 세상이 울고 당신이 기뻐 할 수 있는 삶을 살라"

　진실로 내가 죽을 때 내가 기뻐 할 수 있는 삶은 구원에서 낙오되지 않고 천국에 입성하는 것이다.

Chapter 4

성소

Chapter 4
성소

-천국에 들어갈 성도들의 삶-

　성소는 천국의 상징이다. 성소에는 떡상과 등잔대와 향단이 있다. 떡상은 하나님의 말씀의 상징이고, 등잔대는 성령의 역사와 조명이며 향단은 기도의 상징이다.

　천국에 들어가서 살아야 할 하나님의 백성들은 하나님의 말씀과 함께하는 삶을 살아야 하며, 사는 날 동안 기도의 줄을 놓지 말고 붙잡고 날마다 기도의 금향로에 기도가 채움 받아 아버지의 보좌 앞에 쏟아 놔야 한다. 그리고 날마다 성령과 동행하는 삶을 살아야 한다. 구원 받았다고 결코 방종하면서 살 수 없다.

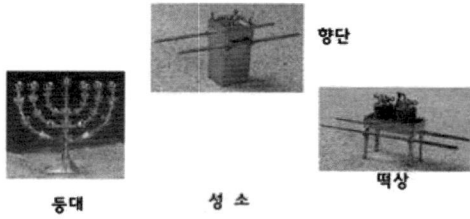

1. 떡상

"너는 조각목으로 상을 만들되 장이 이 규빗, 광이 일 규빗, 고가 일 규빗 반이 되게 하고 정금으로 싸고 ---- 상 위에 진설병을 두어 항상 내 앞에 있게 할지니라"(출 25:23-30).

성소에는 법궤가 있는 방향으로 오른 편에 떡상이 있고, 떡상을 마주대하여 등잔대가 놓여있고 법궤를 향한 정면에 향단이 있다. 성소에는 제사장이 매일 출입하면서 떡상에 떡을 매 안식일 마다 진설하고, 등잔대에서 아침과 저녁마다 등불을 점검하였으며 향단에서 향을 올렸다.

1) 떡은 생명의 떡으로 오신 예수 그리스도를 비유한다.

예수는 베들레헴에서 태어나서 말구유에 누이셨다. 베들레헴은 '떡집', '양식의 집', '창고', '곡간' 이와 같은 의미가 있다. 말구유는 짐승의 밥을 담는 그릇이다. 예수는 떡집에서 태어났으며 생명의 떡으로 오셨다. 그리고 짐승 같은 사람들이 이 떡을 먹으라고 말구유에 누이셨다.

> "내가 곧 생명의 떡이로다. 너희 조상들은 광야에서 만나를 먹었어도 죽었거니와 이는 하늘로서 내려오는 떡이니 사람으로 하여금 먹고 죽지 아니하게 하는 것이니라. 나는 하늘로서 내려온 산 떡이니 사람이 이 떡을 먹으면 영생하리라. 나의 줄 떡은 곧 세상의 생명을 위한 내 살 이로다 하시니라"(요 6:48-51).

2) 떡은 영의 양식이 되는 하나님의 말씀에 대한 비유이다.

떡상의 떡은 매 안식일마다 새것으로 진설되었다. 그리고 떡상의 떡은 아론과 그 자손들이 거룩한 곳에서 먹게 하였다.

> "항상 매 안식일에 이 떡을 여호와 앞에 진설할찌니… 이 떡은 아론과 그 자손들에게 돌리고 그들은 그것을 거룩한 곳에서 먹을지니…"(레 24:8-9).

육신의 양식이 떡이라면 영의 양식은 하나님의 말씀이다.

"사람이 떡으로만 살 것이 아니요 하나님의 입으로 나오는 모든 말씀으로 살 것이니라"(마 4:4).

"만군의 하나님 여호와시여 나는 주의 이름으로 일컬음을 받는 자라. 내가 주의 말씀을 얻어먹었사오니…"(렘 15:16)

육신의 양식은 밥이다. 밥을 먹어야 육신의 건강을 유지할 수 있다. 영의 양식은 하나님의 말씀이다. 우리의 영은 하늘의 신령한 만나 되는 하나님의 말씀을 먹고 신령한 반석이 되시는 예수 그리스도로부터 쏟아지는 생수를 마셔야 한다.

3) 우리는 하나님 앞에 바쳐진 재물로서의 떡이 되어야한다.

떡상에는 여섯 개의 떡이 두 줄로 열 두덩이의 떡이 놓여 있었다.

"너는 고운 가루를 취하여 떡 열둘을 굽되 매 덩이를 에바 십분 이로 하여 여호와 앞 순결한 상 위에 두 줄로 한 줄에 여섯씩 진설하고"(레 24:5-6)

진설병은 항상 12개의 떡을 만들었는데 2/10 에바의 고운 밀가루로 만들었다. 한 에바는 보통 35리터의 크기이다. 12개의 떡은 84리터의 곡물가루이다. 그리고 매 안식일 마다 새로운 떡으로 대체하였다.

그 열 두덩이이 떡은 이스라엘 열 두 지파를 상징하였다. 이스라엘 열 두 지파는 하나님 앞에 바쳐진 제물이다. 이는 곧 우리가 하나님 앞에 바쳐진 제물이 된다.

호세아 선지자는 이스라엘을 책망하면서 그들은 **뒤집지 않은 전병**이라고 하였다.

"에브라임이 열방에 혼잡 되니 저는 곧 뒤집지 않은 전병이로다"(호 7:8).

이스라엘 나라의 창건자 여로보암은 에브라임 지파에서 나왔다. 그러므로 에브라임이라고 지칭하면 이는 곧 북 왕국 이스라엘을 의미하였다. 북 왕국 이스라엘이 이방 족속이 섬기는 우상과 혼잡이 되었다. 그들은 여호와를 섬기는 신앙에 금송아지를 더하였다. 이는 뒤집지 않은 전병과 같아서 먹을 수 없는 떡이 되었다는 것이다.

떡은 번철에 구을 때 앞뒤로 잘 뒤집어서 고루 익어야 한다. 그러나 뒤집지 않은 전병은 한쪽은 타버리고 한쪽은 설익어 먹을 수 없다. 떡상에 오르는 떡은 고루 잘 익은 떡으로 하나님 앞에 바쳐져야 한다.

떡상에 열 두덩이의 떡을 놓은 것은 이스라엘 열 두 지파를 상징한다면 곧 모든 성도는 하나님 앞에 바쳐진 제물이다. 그렇다면 우리는 하나님께 바쳐진 제물로서 사랑과 공의가 겸하여야 한다. 인격적으로 지, 정, 의가 잘 배합되어야 하며, 내가 아는 것과 내가 믿는 것과 내가 행하는 것이 하나가 되어야 한다.

2. 등잔대(금등대)

> "너는 순금으로 등잔대를 쳐서 만들되… 등잔 일곱을 만들어 그 위에 두어 앞을 비추게 하며 그 불집게와 불똥 그릇도 순금으로 만들지니 등잔대와 이 모든 기구를 순금 한 달란트로 만들되 너는 삼가 이 산에서 네게 보인 식양대로 할지니라"(출 25:31~40).

1) 등잔대의 재료와 만드는 방법

등잔대는 순금으로 만들게 했으며 그 중량은 금 한 달란트로 규정했다. 그리고 등잔대를 만드는 방법은 "<u>쳐서</u>" 만들도록 했다. 금 한 달란트는 약 43Kg의 금이 된다. 등잔대는 흔히 금 촛대라고 불리워진다. 그러나 이것은 초를 꽂는 촛대는 아니다. 등잔대는 일곱 가지에서 불을 발하는 램프(Lamp)이다.

순금으로 만들어진 등잔대에는 일곱 등불을 위하여 감람열매를 찧어서 얻은 순결한 기름을 부어 항상 불이 꺼지지 않도록 했다.

어두움을 밝히는 빛, 그리고 기름으로 채워진 등은 그리스도를 상징하며 그 등잔대를 만드는 방법이 "쳐서" 만들라고 하였다. 이것은 그리스도의 "고난"의 상징이며, 등잔대가 인격을 상징하고 있는 것이다.

"나는 세상의 빛이라(요 9:5), 주의 말씀은 내 발에 등이요 내 길에 빛이니이다"(시 119:105).

2) 등불을 점검하는 시간

"너는 또 이스라엘 자손에게 명하여 감람으로 찧어 낸 순결한 기름을 등불을 위하여 내게로 가져오게 하고 끊이지 말고 등불을 켜되 아론과 그 아들들로 회막 안 증거궤 앞 휘장 밖에서 저녁부터 아침까지 항상 여호와 앞에 그 등불을 간검하게 하라. 이는 이스라엘 자손의 대대로 영원한 규례니라"(출 27:20-21).

"아론이 아침마다 그 위에 향기로운 향을 사르되 등불을 정리할 때에 사를 지며 또 저녁때 등불을 켤 때에 사를지니"(출30:7-8).

등불은 저녁부터 아침까지 켰다. 빛이 없는 저녁에는 등불을 켰고 태양이 떠오르는 아침에는 등불을 정리하였다.

"또 우리에게 더 확실한 예언이 있어 어두운데 비취는 등불과 같으니 날이 새어 샛별이 너희 마음에 떠오르기까지 너희가 이것을 주의하는 것이 가하니라"(벧후 1:19).

사도 베드로는 날이 새어 밝아오는 아침을 주님의 재림의 때로 상징 했으며 예수께서 승천하신 후 재림까지의 기간을 어두운 밤으로 표현 했다. 이러한 암흑의 밤은 일곱 등잔의 빛이 비취는 성령의 조명시대 이며 그 예언의 말씀이 앞을 밝혀주는 은혜의 시대이다. 우리는 날이 새어 샛별이 떠오르기까지의 어두운 밤을 오직 성령의 조명과 말씀의 인도로 한걸음씩 걸어가야 하는 시대에 살고 있다.

3) 등잔대가 빛을 발하려면 심지가 타야 한다.

등잔대가 빛을 발할 때 심지는 타고 있다. 심지가 탄다는 것은 자기희생을 의미한다. 자기희생이 없으면 빛이 나타나지 않는다. 그리스도인은 이웃을 위한 자기희생이 있어야 한다. 이 희생은 사랑의 수고이다.

4) 심지가 타게 되면 불똥이 생기며 그을음이 생긴다.

불똥을 제거하지 않으면 그을음이 생긴다. 그을음은 고약한 냄새를 피우며 사람의 눈에 눈물을 흘리게 한다. 그을음은 심지가 너무 높거나 기름이 없어서 불이 꺼지기 전에 고약한 냄새와 함께 그을음이 생긴다.

성도의 빛이 꺼져가고 시험이 생기는 이유는 성령의 기름이 없기 때문이다. 또 높아진 심지를 정리하지 않을 때 그을음이 생기며, 낮아진 심지를 돋우지 않을 때 불은 빛을 잃고 꺼진다.

제사장은 불집게를 가지고 항상 등잔의 불을 살폈다. 너무 올라간 심지는 낮추고, 낮아진 심지는 돋웠다. 그리고 불똥은 제거하여 불똥 그릇에 담았다.

교회에서 너무 설치면서 하는 봉사는 올라간 심지와 같다. 기도가 따르지 않는 봉사는 교만을 들어내어 시험이 될 수도 있다. 또 항상 뒷전에 밀려있는 성도 중에도 봉사하기를 원하는 성도들이 있다. 저들은 낮아진 심지이다. 교회 지도자는 올라간 심지는 낮추어주고 낮아진 심지는 돋아서 올려 주어야 한다.

3. 분향단

"너는 분향단을 만들지니 곧 조각목으로 만들되 장이 일 규빗, 광이 일 규빗으로 네모반듯하게 하고 고는 이 규빗으로 하며 그 뿔을 그것으로 연하게 하고… 뿔을 정금으로 싸고… 그 속죄소는 내가 너와 만날 곳이며 아론이 아침마다 그 위에 향기로운 향을 사르되 등불을 정리할 때 사를 지며 또 저녁때 등불을 켤 때 사를지니 이 향은 너희가 대대로 여호와 앞에 끊지 못할 지며 너희는 그 위에 다른 향을 사르지 말며 번제나 소제를 드리지 말며 전제의 술을 붓지 말며 아론이 일 년에 일차씩 이 향단 뿔을 위하여 속죄하되 속죄제의 피로 일 년 일차씩 대대로 속죄할지니라. 이 단은 여호와께 지극히 거룩하니라"(출 30:1-10).

1) 향단의 향은 기도를 의미한다.

"…향이 가득한 금 대접을 가졌으니 <u>이 향은 성도들의 기도들이라</u>"(계 5:8).

"또 다른 천사가 와서 제단 곁에 서서 금향로를 가지고 많은 향을 받았으니 <u>향연이 성도의 기도와 함께 천사의 손으로부터 하나님 앞으로 올라가는지라</u>"(계 8:3-4).

"여호와여 내가 주를 불렀사오니 속히 내게 임하소서. 내가 주께 부르짖을 때에 내 음성에 귀를 기울이소서. <u>나의 기도가 주의 앞에 분향함과 같이 되며 나의 손드는 것이 저녁 제사같이 되게 하소서</u>"(시 141:1-2).

향은 성도들의 기도이다. 우리가 드리는 기도는 향연과 같아서 하늘 아버지께 올라간다. 우리가 드리는 기도는 천사가 금향로에 받아서 하늘 보좌 앞에 쏟아놓으면 그 기도의 응답으로 이 땅에 역사가 이뤄져 나간다.

사람마다 기도로 채워야 할 자기 금향로가 있다. 그 금향로가 채워져야 하늘 보좌에 올라간다. 시간을 많이 내서 기도한다고 그 금향로가 채워지는 것은 아니다. 하나님 아버지의 뜻을 알고 마음을 쏟는 기도가 그 금향로를 채우고 하늘 보좌에 올라간다. 어떤 사람은 한 번만 기도하여도 그 금향로가 채움 받고 아버지의 보좌 앞으로 올라간다. 그런데 어떤 사람은 일평생 교회는 다니지만 그 금향로에 기도를 채우지 못하고 교회를 다니는 사람들도 있다.

구약 시대에 성전에서 봉사하는 사람들은 레위 지파 중에서 아론의 지파가 제사장이 되었다. 아론의 자손이 번성하자 다윗 시대에 와서는 제사장 지파를 24반열로 나누어서 제비 뽑아 성전에서 봉사하였다.

오랜 세월을 봉사하는 중에 특별히 분향단에서 향을 올리는 제사장들이 복을 많이 받는다는 것을 알게 되었다. 그래서 그 일을 서로 하겠다며 자원하였다. 그래서 제비를 뽑아서 봉사하게 하였다.

내가 물질로 봉사하면 하나님은 더 많은 물질을 주신다. 내가 몸으로 봉사하면 건강을 주신다. 내가 기도로 봉사하면 신령한 은사를 선물로 받는다. 그리고 그 자녀들이 복을 받는다.

복음서에 보면 '결단코(반드시)' 상이 있다.

> "또 누구든지 제자의 이름으로 이 소자 중 하나에게 냉수 한 그릇이라도 주는 자는 내가 진실로 너희에게 이르노니 그 사람이 <u>결단코 상을 잃지 아니하리라</u> 하시니라"(마 10:42).

내가 진심으로 하나님 앞에 감사하는 것도 하늘에서 상을 잃지 않는다. 내가 다른 사람을 위하여 기도하는 것, 전도하는 것, 교회서 봉사하는 것, 다 보상을 받는다. 땅에서도 받고 하늘에서도 받는다. 길에서 구걸하는 걸인에게 적은 돈을 주었어도 예수님의 이름으로 행한

선은 헛되지 않는다.

하늘의 집은 땅에서 올라온 선행의 자료로 천사들이 짓는다. 하늘의 집이 잘 올라가다가 내가 화를 내고 남에게 상처를 주거나, 내가 불순종하거나, 내가 죄를 지으면 그 집이 무너진다. 회개하고 선행을 행하면 무너진 집이 보수되어 진다. 이런 것은 영적인 일이다. 그러므로 하늘에 집을 무너뜨리지 말고 날마다 반석 위에다 집을 짓는 자가 복된 사람이다.

2) 향을 만드는 법과 영적 의미

향단에서 사용 할 향을 만드는 재료와 향 만드는 법은 하나님이 엄격하게 지정하였다.

> "너는 소합향과 나감향과 풍자향의 향품을 유향에 섞되 각기 동일한 중수로 하고 그것으로 향을 만들되 향 만드는 법대로 만들고 그것에 소금을 쳐서 성결하게 하고…"(출 30:34-35).

이들 향은 각기 고유한 특성이 있었다.

소합향의 재료는 시리아 지방에서 생산되었으며 그 자체에서 향나무와 같은 향기가 발하였다.

기도자체가 하나님 보시기에 향기가 된다. 그 향기에 마귀는 질식되고 하나님은 영광을 받으신다. 꽃은 억지로 향기를 내지 않는다. 자연스럽게 향기가 난다.

나감향은 바다에 사는 연체동물의 껍질을 짓이겨서 만들었으며 이것이 타면 쏘는 듯 한 냄새가 났다. 이 냄새 때문에 성막 주위에는 쥐나 벌레 그리고 뱀이나 짐승이 가까이 올 수가 없었다.

성도들이 기도할 때 악한 마귀의 세력들이 침범하지 못한다.
우리가 기도하면 하나님은 산울로 진치고 보호하신다.

풍자향은 갈반(Galban) 이라는 특별한 고무나무에서 나오는 향으로 소독제에 쓰이는 향이다.

성도들이 기도할 때 우리 속에 있는 혈기와 분노가 빠져나간다. 악독과 미움, 섭섭함, 원한과 원망 같은 독기가 내 몸속에서 빠져 나간다. 기도하는 사람은 독한 말을 할 수 없다. 내 몸에 독기가 남아 있으면 성령의 역사는 제한된다. 성령은 가슴이 부글부글 끓는 분노의 사람과 함께 할 수 없다.

유향은 악취를 제거하기 위하여 시체에 바르는 향이다.

유향의 기도는 나를 괴롭히고 나를 죽이는 불행의 세력을 막아달라고 요청하는 기도이다.

야곱은 얍복 나루에서 형 에서가 거느린 400명 군사를 두려워하며 천사와 씨름을 하였다. 얍복 나루에서의 야곱의 기도는 에서에게 있었던 분노의 영을 떠나게 하였다.

이와 같이 향단에서 사용되어질 향은 소합향, 나감향, 풍자향, 유향에다 소금을 가미하여 만들었다.

소금은 하나님의 말씀을 소금언약이라고 하였다. 하나님의 말씀은 맹세코 이루어진다. 하나님의 약속은 영원불멸하는 소금 언약이 된다.

하나님의 약속의 말씀을 붙들고 성령의 인도함을 따라 기도하는 것은 반드시 응답되어 진다. 권투 선수는 링 위에서 코너에 몰리는 것을 두려워한다. 코너에 몰리면 KO패를 당할 확률이 많기 때문이다. 우리가 기도할 때 하나님이 말씀한 약속의 코너로 몰고 말씀에 의지하여 기도하라.

향은 곱게 찧었다.

"그 향 얼마를 곱게 찧어 내가 너와 만날 회막 안 증거궤 앞에 두라.

이 향은 너희에게 지극히 거룩하니라"(출 30:36).

주님은 겟세마네 동산에서 십자가를 두고 기도할 때 힘쓰고 애써서 기도하므로 땀방울이 핏방울이 되었다고 하였다.

"예수께서 힘쓰고 더욱 간절히 기도하시니 땀이 땅에 떨어지는 피 방울같이 되더라"(눅 22:44).

"그는 육체에 계실 때에 자기를 죽음에서 능히 구원하실 이에게 심한 통곡과 눈물로 간구와 소원을 올렸고 그의 경외하심을 인하여 들으심을 얻었느니라"(히 5:7).

주님으로부터 오는 능력의 원천이 기도이다. 우리가 주님께 바쳐야 할 충성은 허리에 띠를 띠고 항상 준비 된 자세로 수고하므로 땀 흘려야하며, 눈물의 기도가 있어야 한다. 피 흘리기 까지 죄와 싸우며 말씀으로 헌신하여야 한다.

제2차 세계대전 당시 영국은 독일의 침략을 받았다. 영국 국왕은 윈스턴 처칠에게 전시내각을 구성하게 하였다. 처칠은 1940년 5월 13일에 하원에서 역사적으로 유명한 강연을 하였다.

"이 세상의 모든 위대한 일은 피와 눈물과 땀의 산물이다. 피는 용기의 심벌이요, 눈물은 정성의 상징이요 땀은 근면의 표상이다. 우리는 피를 흘려야 할 때가 있고, 눈물을 흘려야 할 때가 있고, 땀을 흘려야 할 때가 있다. 피를 흘려야 할 때 피를 흘리지 않으면 남의 노예가 된다. 눈물을 흘려야 할 때 눈물을 흘리지 않으면 동물의 차원으로 전락한다. 땀을 흘려야 할 때 땀을 흘리지 않으면 빈곤의 나락(奈落)에 빠진다."

예수 그리스도는 십자가를 앞에 두고 눈물로 간구하고, 힘쓰고 애써서 기도하니 흐르는 땀방울이 핏방울이 되어 떨어졌다. 그리스도의 피로 구속 받은 성도는 복음을 위하여 땀과 눈물과 피를 바쳐야 한다.

3) 향은 오직 여호와만을 위하여 만들었다.

"네가 만든 향은 여호와를 위하여 거룩한 것이니 그 방법대로 너희를 위하여 만들지 말라. 무릇 맡으려고 이 같은 향을 만드는 자는 그 백성 중에서 끊어지리라"(출 30:37-38).

분향단에 사용 할 향은 오직 성전에서 여호와만을 위하여 사용되어졌다. 사람이 그 향의 냄새를 맡으려고 만드는 자는 백성 중에서 자손을 잇지 못하고 죽는다고 하였다. 한 때는 예루살렘 성전이 짓밟히고 향 만드는 자들이 체포되어 그와 같은 향을 만들 것을 요구한 일도 있었다. 그러나 그들은 고문을 당하여 손목이 잘리는 형벌을 받으면서도 사람을 위하여서는 향을 만들지 아니하였다.

4) 지정된 불

제사장은 아침, 저녁으로 향을 살랐는데 향을 사를 때 사용하는 불은 반드시 번제단의 불을 사용하도록 하였다. 다른 불은 사용하지 못하도록 규정하였다. 대제사장 아론의 아들 나답과 아비후는 제사장의 직무를 행하며 이 규례를 잊어버리고 다른 불을 가지고 와서 향을 사르다가 죽었다.

> "아론의 아들 나답과 아비후가 각기 향로를 가져다가 여호와의 명하지 않은 다른 불을 담아 여호와 앞에 분향하였더니 불이 여호와 앞에서 나와 그들을 삼키매 그들이 여호와 앞에서 죽은지라"(레 10:1-2).

번제단의 불은 그 시작이 인위적으로 사람이 만든 불이 아니라 하늘에서부터 온 불이였다. 그리고 번제단의 불은 하나님께 드리는 제물을 불태우는 불이다. 번제단의 불이 아닌 다른 불을 향단에 사용하면 죽는다.

번제단은 하나님 앞에서 나의 죄를 전가 받은 제물을 희생시키는 제단이다. 다른 불은 이단의 불이다. 이단의 영은 마귀로부터 오는 영이다. 이단의 영을 받으면 천국에 들어 갈 수 없고 마귀가 있는 곳으로 가야한다.

5) 바른 기도는 삼위 하나님의 역사로 드려지는 기도이다.

우리가 드리는 모든 기도가 다 하나님 아버지께 상달되는 것은 아니다. 정욕적인 기도와 아버지의 뜻을 외면한 기도는 아버지의 보좌에 상달되지 못한다. 하나님께 상달되는 기도는 등잔대의 밝은 조명 아래서 만이 가능하다.

성령은 하나님의 깊은 뜻을 알고 있으며, 우리를 깊은 기도의 골방과 바른 기도의 제목으로 인도하신다. 그리고 하나님의 깊은 뜻을 알고 계신 성령의 인도함을 받는 기도만이 하늘 아버지께 상달되어진다.

"지극히 거룩한 믿음위에 자기를 건축하고 성령으로 기도하라"(유 1:20).

참된 기도는 성령의 인도함으로 가능하다. 성령으로 인도함을 받지 못하는 기도는 인간의 정욕이 나오기 때문이다.

우리 기도의 대상은 하늘에 계신 성부 하나님이시며, 성령의 인도함을 받아 그의 나라와 그의 의를 구하여야 한다. 성령님만이 하나님 아버지의 뜻을 바로 아신다. 그리고 우리 죄를 담당하고 십자가로 나가신 예수의 이름으로 기도해야 한다.

6) 향단의 뿔

향단의 사면에는 뿔이 있다. 번제단에도 사면에 네 개의 뿔이 있다. 번제단의 뿔은 실용적적인 면에서 희생물을 뿔에 매어 희생시키기도 하였으나 향단의 뿔은 실용적으로는 의미가 없으며 다만 영적인 의미만이 있다.

뿔은 능력과 영광과 승리를 상징한다.

> "내가 이스라엘의 모든 죄를 보응하는 날에 벧엘의 단들을 벌하여 그 단의 뿔을 꺾어 떨어뜨리고…"(암 3:1).

뿔 꺾인 제단은 능력을 잃은 제단을 의미한다. 번제단의 뿔은 그리스도의 십자가의 능력이고, 향단의 뿔은 기도의 능력을 의미한다. 기도는 생명줄이니 주님 앞에 서는 그날까지 기도의 줄을 놓치지 말고 붙잡아야 한다. 기도의 날개를 달아야 한다. 언제 어디서든지 항상 기도의 장소를 찾아야 한다. 예수님은 "기도 외에 다른 것으로는 이런 능력이 나갈 수 없다"(막 9:29)고 하셨다.

> "사람이 일하면 사람이 일할 뿐이지만 사람이 기도하면 하나님이 일하신다."(When man works, man works. When man plays, God works.)

뿔은 심판과 보호를 상징한다.

뿔은 능력임과 동시에 심판과 보호를 상징한다. 뿔은 하나님의 능력 입은 자를 보호 할 뿐만 아니라 그를 괴롭히는 자를 심판하는 상징이 된다. 기도의 능력자들은 친히 원수를 갚지 않는다. 그들은 원수를 위하여 기도 할 뿐이다.

> "내 사랑하는 자들아 너희가 친히 원수를 갚지 말고 진노하심에 맡기라. 기록 되었으되 원수 갚는 것이 내게 있으니 내가 갚으리라고 주께서 말씀하시느니라"(롬 12:19).

향단 뿔을 위하여 속죄 피로 속죄하라.

> "아론이 일 년 일차씩 이 향단 뿔을 위하여 속죄하되 속죄제의 피로 대대로 속죄할지니라. 이 단은 여호와께 지극히 거룩하니라"(출 30:10).

우리 기도의 대상은 거룩하신 하나님이다. 정욕에 매여 사는 인간은 자기 정욕을 위하여 부단히 간구한다. 또 하나님을 나의 하수인으로 만들고 기도로 하나님에게 명령하고 있다.

인간의 마음은 부패하여졌으며 인간의 입술은 부정하다. 인간의 손은 불의를 행하며 그 입에는 악독과 궤사가 끊이지 아니하고 있다. 그 부패하여 진 마음, 불의한 손, 악독이 있는 입술로 하나님 앞에서 무엇을 구하겠는가? 그러므로 예수 그리스도의 피로 씻어야 한다.

무엇을 구하기 전에 먼저 자신을 돌아보고 회개의 기도를 드려야 한다. 구하여도 얻지 못함은 정욕으로 쓰려고 잘 못 구함이라. 성령의 인도함을 받아 그의 나라와 그의 의를 구하는 기도를 드려야 한다. 성령의 인도함을 받지 못하는 기도는 하나님께 상달되지 않는다.

7) 바른 기도

(1) 수식어와 형용사가 많은 기도는 삼가 하라.

한 어린아이가 신발이 낡아서 아버지에게 가서 이렇게 이야기 하였다고 가정하여 보자.

"서울 대학교를 수석으로 졸업하시고 인자하시고 자상하시며, 우리 어머니와 결혼해서 나를 낳아 주신 아버지의 그 큰 은덕을 높이 칭

송합니다. 아버지는 내가 달라면 언제든지 거절하지 않고 무엇이든지 다 주시는 줄 아옵니다. 얼마 전에 사 준 운동화가 낡아서 구멍이 났습니다. 운동화를 사 주십시오."

이렇게 청을 하였다면 머리를 쥐어박을 것이다.

"아버지 저 신발 사주세요." 하면 된다.

수식어가 너무 많은 기도는 기도의 대상이 인간이지 결코 하나님이 아니라는 것을 알 수 있다. 하나님은 그런 기도를 들으면 얼굴을 외면하고 인간의 추한 냄새가 난다고 거절하실 것이다.

(2) 송사 기도를 하지 말라.

분향단에서 향을 피우면 그 향연은 위로 올라가야 한다. "아브티나스(Abtinas) 가문은 향 만드는 기술을 가지고 있었다. 그가 만든 향은 언제나 기둥이 되어 수직으로 피어올랐다."(강문호. 대속죄일) 그 향연이 위로 올라가지 않고 밑으로 내려 깔리면 제사장은 그 향연에 질식이 되어 죽을 수도 있다.

성도들이 드리는 기도는 하늘에 상달되어 아버지의 보좌를 움직이어야 한다. 그러나 하나님 아버지가 기뻐하지 않는 기도는 하늘에 상달되지 않고 땅에 떨어진다. 기도하는 사람들 중에 가끔 기도로 송사를 하고 기도로 분풀이 하는 사람들이 있다.

"하나님 아버지, 우리 여전도회를 휘 젓는 여우가 있습니다. 포도나무의 꽃을 떨어지게 하는 여우가 있는데, 어제는 그 여우가 심방을 하면서 불을 지르고 다녔습니다. 우리는 그 여우를 잡을 능력이 없나이다. 그 여우를 잡아 주소서."

이런 기도는 이름만 부르지 않았지 아무개를 의미한다는 것을 다 알 수 있다. 이러한 송사 기도를 하면 그 기도 향에 취하여 내가 죽는 법이다.

4. 하나님의 말씀은 성령의 조명하에서 받아야 한다.

성소는 거룩한 천국의 상징이다.

떡상은 생명의 떡으로 오신 예수 그리스도시며, 떡은 곧 하나님 말씀의 상징이다.

등잔대는 성령의 역사와 성령의 조명이다.

분향단은 하나님의 말씀에 의지하여 성령의 인도로 하나님께 드리는 기도이다.

지성소는 거룩한 하나님의 보좌이다.

떡상과 등잔대와 향단은 상호 보완적 관계가 있다. 성경은 이들의 위치를 언급하였다.

"등잔 일곱을 만들어 그 위에 두어 앞을 비추게 하며"(출 25:37)

"회막 안 성막 남편에 등잔대를 놓아 상과 마주하게 하고…"(출 40:24)

등잔대는 떡상과 마주 대하게 하여 앞을 비추게 하였다.
등잔대가 성령의 조명이라면, 하나님의 말씀을 받는 자세는 항상 성령의 조명하에서 말씀을 받아야 한다. 하나님의 말씀은 성령의 감동으로 기록되어진 말씀이다. 그러므로 하나님의 말씀을 받을 때에 성령의 조명 없이 사람의 말로 받으면 그 말씀이 걸림돌이 된다.

"저희가 이 말을 듣고 마음에 찔려 저를 향하여 이를 갈거늘"(행 7:54).

초대교회 스데반 집사는 성령이 충만하여서 예수 그리스도를 증거하였다. 그 말을 듣는 사람들은 마음이 찔렸다. 스데반의 설교를 듣고 마음에 찔림을 받았다면 회개하여야 할 것이다. 그런데 회개하기는 고사하고 역 반응으로 이를 갈며 돌을 들어 스데반을 쳤다. 말씀이 걸림돌이 된 것이다.
하나님의 말씀은 성령의 감동으로 기록되어졌기에 성령의 조명하에서 들으면 회개가 일어나고 그 말씀은 영과 혼을 살리는 역사가 나타나며 축복이 된다. 그러나 사람의 말로 들으면 농담이 되고 때로는 심판이 되고 죽음이다.

하나님의 말씀과 성령

우리는 같은 성경을 읽는다. 같은 성경을 읽는데 거기서 보수가 나오고 진보가 나왔다. 같은 성경을 보았는데 거기서 공산주의 원리가 나왔고 자본주의 원리가 나왔다. 같은 성경을 읽는데 거기서 해방신학이 나왔고 또 복음주의 신학과 자유주의 신학이 나왔다. 모두가 자기 관점에서 성경을 보고 성경을 해석하면 자기 사상이 나온다. 말씀 사역자들은 성령의 감동 없이, 인간 지식과 도덕과 철학으로 하나님의 말씀을 대체시킬 때 성령은 하나님의 말씀을 훼손하는 것에 대한 분노가 있다는 것을 깨달아야 한다. 변질 된 복음은 마귀의 전용 무기이다.

모든 성경은 성령의 감동으로 기록되었다.

"모든 성경은 하나님의 감동으로 된 것으로 교훈과 책망과 바르게 함과 의로 교육하기에 유익하니"(딤후 3:16).

성경은 성령의 감동을 받은 사람들이 기록했다. 성령의 감동으로 기록했다는 것은 읽는 사람들이 하나님의 편에서, 하나님의 관점에서 읽어야 하나님이 의도하는 뜻을 알 수 있다.

성경은 하나님의 관점에서 읽으면서, 하나님이 왜 이 말씀을 하였는가를 생각하여야 한다. 그리고 인간 지식의 수준에서 성경을 보는 것이 아니라 성령이 지혜와 계시의 영으로 역사하고, 성령의 조명 아래서 성경을 보아야 한다.

성령은 하나님의 깊은 뜻이라도 통달하기 때문에 성경을 통하여 하나님의 뜻을 깨달을 수 있다. 성경은 하나님의 관점에서 보고 성령의 조명하에서 깨닫는 것이다.

하나님의 말씀을 받는 자세

하나님의 말씀은 신적 권세가 있다. 그러므로 예와 아멘으로 받아야 한다.

> "하나님의 약속은 얼마든지 그리스도 안에서 예가 되니 그런즉 그로 말미암아 우리가 아멘 하여 하나님께 영광을 돌리게 되느니라"(고후 1:20).

하나님의 말씀을 받는 자세는 언제나 '예'가 아름답다. '아니오'가 있을 수 없다. 하나님의 말씀을 받을 때에 '예'하고 순종한 사람은 다 복을 받았다.

하나님이 아브라함에게 "네 아들, 네 사랑하는 독자 이삭을 내게 바치라" 하였을 때 아브라함은 즉시 순종하였다. 그는 아침에 일찍이 일어나 하나님의 말씀을 순종으로 옮겼다.(창 22:3) 그러므로 아브라함은 하나님으로부터 많은 복을 약속받고 믿음의 조상이 되었다.

나아만은 요단강에 가서 일곱 번 씻으라는 선지자 엘리사의 말을 '예'로 받음으로 요단강에서 몸을 씻고 문둥병을 고침 받았다.

초대교회 성도들은 예루살렘을 떠나지 말고 성령을 받으라는 말씀에 순종함으로 마가의 다락방에서 기도하다가 불같이 임하는 성령을 받았다.

고라 자손은 모세 앞에서 '아니오'하고 반기를 들다가 땅이 갈라져서 반역하는 무리를 삼켰다.

유다 사람들은 예레미야의 말을 청종치 않고 '아니오'로 거역하다가 나라가 망하고 백성은 바벨론에 포로가 되었다.

하나님의 약속은 그리스도 안에서 얼마든지 '예'가 된다. 하나님의 약속은 그리스도 안에서 다 이루어 졌다. 하나님은 식언하지 않으며 그 말씀은 반드시 이뤄진다. 사람이 그 말씀을 '예'로 받으면 하나님께 영광이 돌아간다.

5. 일곱 등잔의 빛과 향단의 향

향단에서는 아침과 저녁으로 등불을 끌 때와 등불을 켤 때 향을 살랐다. 그 향은 성도들의 기도를 의미하며 등잔불은 성령의 조명이다.

> "아론이 아침마다 그 위에 향기로운 향을 사르되 등불을 정리할 때에 사를 지며, 또 저녁때 등불을 켤 때에 사를지니 이 향은 너희가 대대로 여호와 앞에 끊이지 못할 지며…"(출 30:7).

우리의 기도는 하나님의 말씀과 등불을 밝히는 기름, 곧 성령의 역사 안에서 참된 기도를 드릴 수 있는 것이다.

말씀에서 떠나고 성령의 역사가 없는 기도는 하나님의 보좌에 상달될 수 없다. 성령은 우리를 깊은 기도의 골방으로 인도하시며 바른 기도의 제목으로 인도하신다. 마음이 완악하여 성령의 조명 없이 듣는 말씀은 들어도 깨닫지 못하고 보기는 보아도 알지 못한다. 성령이 떠나면 마음이 완악하여지고, 성령의 조명 없이 깨달으면 오히려 예수 그리스도를 거역하는 자가 된다.

> "너희가 듣기는 들어도 깨닫지 못할 것이요 보기는 보아도 알지 못하리라. 이 백성들의 마음이 완악하여져서 그 귀는 듣기에 둔하고 눈은 감았으니 이는 눈으로 보고 귀로 듣고 마음으로 깨달아 돌이켜 내게 고침을 받을까 두려워함이라"(마13:14-15).

6. 말씀과 기도는 성령 충만의 방편이다.

향단의 향이 기도를 의미하고, 떡상의 떡이 말씀을 상징하며 등잔대의 등불이 성령의 조명을 상징한다고 언급하였다. 그리고 하나님의 말씀과 기도는 성령 충만의 방편이 된다.

그리스도인은 죄짓는 것을 원치 않는다. 선하게 살고, 구제하며 살고 싶다. 그런데 실제로 내 삶은 구제하는 것 보다 움켜지는 것이 우선이며 죄와 쉽게 타협한다. 그 이유가 무엇일까? 그 이유를 한 마디로 대답하라면 성령 충만이 되지 않아서 그렇다.

예수를 안 믿자니 형벌의식에 매여 벌 받을 것 같고, 믿기는 믿는데 차지도 덥지도 않고 무엇에 매여서 가기 싫은 소 끌려가듯 억지로 믿음 생활하는 그 이유가 무엇일까? 그 이유도 성령 충만이 되지 않아서 그렇다.

성령 충만은 3가지 면에서 생각할 수 있다.

복음서에 나타난 성령은 구원론적 입장에서 설명했다. 물과 성령으로 거듭나야지 천국에 갈 수 있다.

> "진실로 내가 너에게 말한다. 네가 거듭나야 하겠다. 누구든지 물과 성령으로 거듭나지 아니하면 하나님 나라에 갈 수 없다"(요 3:3).

사도행전에 나타난 성령은 선교론 적이다. 성령이 임하면 능력 받고 그 능력은 예수 그리스도의 증인이 되는 삶을 산다는 것이다.

> "오직 성령이 너희에게 임하시면 너희가 권능을 받고 예루살렘과 온 유대와 사마리아와 땅 끝까지 이르러 내 증인이 되리라"(행 1:8).

바울 서신에 나타난 성령의 역사는 성화론 적이다.

> "술 취하지 말라 이는 방탕한 것이다. 성령의 충만을 받으라"(엡 5:18).

바울은 성령의 충만을 받으라 했다. 성령 충만은 무엇인가?

성령 충만 이라는 단어는 신약성경에 16번 기록되어졌다.

누가복음에 4회, 사도행전에 11회, 그리고 에베소서에 1회 기록되어졌다.

　누가복음과 사도행전의 저자는 누가이다. 에베소서의 저자는 바울이다. 성령 충만은 누가의 전용용어라는 것을 알 수 있다. 누가는 바울과 함께 동역하였다. 누가는 바울의 곁에서 바울이 성령 충만으로 일한 것을 보고 기록을 남겼는데 그 성경이 사도행전이다. 그러므로 성령으로 거듭나고, 성령 충만을 받아야 예수의 증인의 삶을 살 수 있고, 성령과 말씀으로 성결된 삶을 살 수 있다.

　　"예언은 언제든지 사람의 뜻으로 낸 것이 아니요 오직 성령의 감동하심을 입은 사람들이 하나님께 받아 말한 것임이니라"(벧후 1:21).

　　"하나님의 말씀은 살았고 운동력이 있어 좌우에 날선 어떤 검보다도 예리하여 혼과 영과 및 관절과 골수를 찔러 쪼개기까지 하며 또 마음의 생각과 뜻을 감찰하나니 지으신 것이 하나라도 그 앞에 나타나지 않음이 없고 오직 만물이 우리를 상관하시는 자의 눈앞에 벌거벗은 것같이 드러나느니라"(히 4:12-13).

　하나님의 말씀은 성령에 감동된 사람들에 의하여 기록되어졌기에 말씀에는 성령이 강력하게 역사한다. 말씀의 충만은 곧 성령의 충만으로 연결된다. 그리고 기도가 성령 충만의 방편이다.

　초대교회에서 마가의 다락방에 모인 120여명 성도는 마음을 같이하여 기도하였다.

그때에 저희가 다 성령의 충만함을 받았다. 초대교회 사도들이 관원들에게 붙잡혔다가 놓였을 때 "저희가 일심으로 소리 높여 기도하였다."(행 4:24) 그리고 "빌기를 다하매 모인 곳이 진동하더니 무리가 다 성령이 충만하였다."(행 4:31) 그리고 누가는 "구하는 자에게 성령을 주시지 않겠느냐"(눅 11:13) 고 했다.

또한 신앙의 선진들은 다 기도하다가 성령의 충만을 받았다. 성령은 하나님의 깊은 뜻을 안다. 우리는 마땅히 구할 바를 알지 못하지만 성령이 말 할 수 없는 탄식으로 우리를 위하여 간구한다. 기도는 성령의 인도함을 받아야 한다. 성령의 인도함을 받는 기도는 성령 충만으로 나타난다.

말씀으로 임하시는 하나님

> "너희가 내 안에 거하고 내 말이 너희 안에 거하면 무엇이든지 원하는 대로 구하라 그리하면 이루리라"(요 15:7).

예수 그리스도에게 소속을 분명히 하고 오직 예수 그리스도에 올인하는 삶을 살라. '살아도 예수를 위하여 살고, 죽어도 예수를 위하여 죽겠다'는 목적으로 살 때 하나님은 말씀으로 임하신다. 그때 말씀하시는 하나님은 수식어를 많이 사용하지 않으신다.

예를 들면, '네가 살리라.' '회개하고 나에게 오라' '그는 나를 바로 증거하는 종이다.' '염려하지 말라. 어디를 가든지 내가 너에게 맡길 양 무리가 있다.' '그 일이 이루리라.'

하나님이 말씀하시면 그 말은 전능자의 말씀이기에 반드시 이뤄진다.

> "비와 눈이 하늘에서 내려서는 다시 그리로 가지 않고 토지를 적시어서 싹이 나게 하며 열매가 맺게 하여 파종하는 자에게 종자를 주며 먹는 자에게 양식을 줌과 같이 내 입에서 나가는 말도 헛되이 내게로 돌아오지 아니하고 나의 뜻을 이루며 나의 명하여 보낸 일에 형통하리라"(사 55:10-11).

선지자 사무엘은 기도의 사람이었다. 그는 백성을 위하여 기도 쉬는 죄를 범하지 않은 사람이었다. 하나님은 사무엘에게 말씀을 주셨다. 사무엘은 하나님이 주시는 그 말씀을 선포하면 그 말씀은 전능자의 말씀이기에 한 말씀도 허공으로 사라지지 않고 다 이루어졌다.

> "사무엘이 자라매 여호와께서 그와 함께 계셔서 그 말로 하나도 땅에 떨어지지 않게 하시니"(삼상 3:19).

오직 예수에 사는 사람, 오직 예수의 영에 붙잡혀서 거동할 때 하나님은 말씀으로 임재 하신다. 하나님의 말씀을 '묵상한다'의 히브리 원문의 의미는 '중얼 중얼' 한다는 의미이다. 말씀을 입에 담고 늘 중얼거리는 것이다. 마치 소가 되새김하면서 늘 입을 움직이는 것과 같이 말씀을 입 안에 넣고 중얼거리고 그 말씀을 기도로 잡고 하나님께 쏟아 놓는 것이다.

성경을 읽지 않는 사람은 자기 생각을 옳다고 믿으며, 기도를 하지 않는 사람은 자기 행위가 정당한 하나님의 뜻으로 안다. 이들은 심판 날에 내가 얼마나 잘못된 삶을 살았는가를 깨닫고 통곡할 것이다.

Chapter 5

지성소

Chapter 5
지성소

- 거기서 너와 만나자 -

"그들은 조각목으로 궤를 짓되 장이 이 규빗 반, 광이 일 규빗 반, 고가 일 규빗 반이 되게 하고 너는 정금으로 그것을 싸되 그 안팎을 싸고 윗가로 돌아가며 금테를 두루고 금고리 넷을 부어 만들어 그 네 발에 달되 이편에 두 고리요 저편에 두 고리며 조각목으로 채를 만들고 금으로 싸고 그 채를 궤 양편 고리에 꿰어서 궤를 메게 하며 채를 궤의 고리에 꿴 대로 두고 빼어내지 말지며 내가 네게 줄 증거판을 궤 속에 둘찌며 정금으로 속죄소를 만들되 장이 이 규빗 반, 광이 일 규빗 반이 되게 하고 금으로 그룹 둘을 속죄소 두 끝에 쳐서 만들되 한 그룹은 이 끝에, 한 그룹은 저 끝에 곧 속죄소 두 끝에 속죄소와 한 덩이로 연하게 할지며 그룹들은 그 날개를 높이 펴서 그 날개로 속죄소를 덮으며 그 얼굴을 서로 대하여 속죄소를 향하게 하고 속죄소를 궤 위에 얹고 내가 네게 줄 증거판을 궤 속에 넣으라. 거기서 내가 너와 만나고 속죄소 위 곧 증거궤 위에 있는 두 그룹 사이에서 내가 이스라엘 자손을 위하여 네게 명할 모든 일을 네게 이르리라"(출 25:10~22).

지성소(Holy of the holies)에는 법궤가 안장 되어 있다. **법궤는 여러 이름을 가졌는데 증거궤, 언약궤, 주의 권능의 궤 등으로 불리어졌다.** 그리고 그 법궤는 조각목으로 만들고 그 안과 밖을 정금으로 쌌다.

"너는 조각목으로 궤를 짓되 정금으로 그 안팎을 싸라"

법궤의 재료인 조각목은 원문에는 시팀(shittim)나무라고 했다. 시팀나무는 백향목처럼 귀히 쓰는 나무가 아니라 광야에서 자라는 가시나무의 일종이다. 이 나무는 볼 품 없는 나무로 화목으로 사용하는 나무이다. 시팀나무는 상처를 받으면 거기서 많은 진액이 흘러나왔다. 그 나무 진액은 아라비아인들의 약품이 되었다. 또 나무가 단단하여 벌레가 먹지 아니하였으며 썩지도 아니하였다. 그러므로 시팀나무를 영어 성경에는 아카시아 나무(acacia wood)로 번역되기도 하였으나 70인역에는 썩지 않는 나무(incorruptible wood), (출 25:10)로 번역되어 있다. 시팀나무는 그리스도의 인성과 고난을 예표하며 나무에서 흘러나오는 진액은 그리스도의 보혈과 구속을 예표한다. 시팀나무를 다듬어 궤를 만들고 그 안과 밖을 변하지 않는 정금으로 싸게 한 것은 그리스도의 불변성과 신성을 의미한다.

"그는 주 앞에서 자라나기를 연한 순 같고 마른 땅에서 나온 줄기 같아서 고운 모양도 없고 풍채도 없은즉 우리의 보기에 흠모할 만한 아름다운 것이 없도다"(사 53:2).

1. 예수가 성전이다.

유대인들은 여호와의 절기인 유월절, 오순절, 초막절이면 예루살렘에 있는 성전에 가서 예배를 드려야 했다. 외국에 나가 있어도 이러한 명절이 되면 예루살렘으로 돌아왔다.

예수님은 3년 공생애 기간에 유월절이면 항상 예루살렘 성전에 올라갔다. 그 성전에는 제사를 사용 할 양과 소와 비둘기를 매매하는 사람들, 각국의 돈을 유대 나라 돈으로 환전하는 사람들로 메워지고 성전은 장사하는 장소가 되어있었다.

예수님은 노끈으로 채찍을 만들고 양이나 소를 성전에서 몰아내고 돈 바꾸는 사람들의 상을 엎으셨다. 그리고 비둘기를 파는 사람들에게 "이것들을 여기서 가져가라 내 아버지의 집으로 <u>장사하는 집</u>을 만들지 말라" 하였다.

성전 본연의 임무는 하나님을 예배하고 하나님께 기도하는 집이며 그 성전은 내 아버지의 집 곧 하나님의 집이다. 하나님의 집은 하나님께 예배하고 하나님을 만나는 곳이다. 그런데 그 성전이 변질되어서 장사하는 집이 되었다.

당시 하나님께 바치는 제물은 비둘기나 양이나 소였다. 가난한 사람은 비둘기를 희생 제물로 드렸다. 그리고 율법에서 규정하기를 하나님께 바쳐지는 제물은 흠이 없어야 했다. 눈 먼 것이나 저는 것이나 몸에 상처가 난 것이나 흠이 있는 것은 하나님께 드릴 수 없도록 규정했다.

그 제물에 대한 검사는 제사장들이 하였다. 그런데 제물을 집에서부터 성전으로 가지고 오는데 먼 지방에 사는 사람들이 제물을 성전까지 가지고 가는 것은 쉽지가 않았다. 유다 나라의 브엘세바에서 예루살렘까지는 한 달 동안 걸어와야 했다. 제물을 가지고 올적에는 흠이 없었는데 걸어오다 보니 발톱이 상하고 더러워지고 상처가 났다. 그러면 제사장이 불합격 판정을 내린다. 하나님께 제사는 드려야 하는데 이 제물은 안 된다는 것이다. 그러면 어떻게 할 수 있는가? 장터에 가서 제물을 사와야 한다.

제사장들은 편리를 위해서 성전 경내에 양이나 소 그리고 비둘기를 파는 장터를 만들었다. 멀리서 오는 사람은 그냥 돈만 가지고 와서 성전 경내에 있는 장터에서 사면된다. 아주 편리하여 졌다. 문제는 편리함을 추구하여서 장터가 생겼는데 수십만이 다 양을 사야 하는데 양을 파는 목장이 수십 개가 되어야 한다. 그런데 그 성전 안에서 양을 팔려면 성전 경내는 제사장이 관리하기 때문에 허가를 받아야 된다.

상인들은 이 기회가 돈 버는 기회가 되었다. 상인들은 제사장들에게 로비해서 장터 운영권을 따 내야 했다. 돈을 많이 상납하는 사람은 몫이 좋은 곳을 차지했다. 이러다 보니 유월절이 되면 이익을 보고 돈을 벌자는 장사치들이 모였고, 제사장들은 이 철이 되면 돈을 벌 수 있고 한 몫 잡는 기회가 된 것이다. 그 뿐인가? 집에서 양을 가지고 왔는데 멀쩡한 양을 제사장이 퇴자를 놓는다. 그런데 제사장과 묵계가 되어 있는 양을 파는 곳이 있다. 예를 들면 '드고아' 목장에서 샀다는 싸인이 있으면 제물은 합격 통보를 받고 그렇지 않으면 불합격이 되었다.

백성들은 유월절이 되면 예루살렘에 가서 예배하고 죄 용서함 받기 위하여 먼 길을 걸어 왔는데 제사장들과 장사꾼들의 행포는 갈수록 심각해졌다. 장사해서 이를 보는 수준을 넘어서 이제는 강도같이 되어 버렸다.

당시 로마 네로 황제의 기록에 의하면 유월절 때 예루살렘에서 잡은 양은 2,565,000마리의 양을 잡았다고 기록되어 있다. 그런데 양 한 마리의 값이 정상 가격보다 20배나 뛰었다고 했다. 그러면 제사장들이 이 절기를 이용해서 얼마나 많은 돈을 벌었겠는가? 제사장들과 결탁한 장사꾼들도 이 때는 돈을 벌 수 있는 대목이 된다.

돈 바꾸는 환전상들은 왜 생겼는가?

유대인들은 1년에 반 세겔 성전 세를 바치게 되어 있었다. 그것은 율법에 규정한 것이다. 그 성전 세는 예루살렘 성전에 와서 드렸다. 그래서 주로 유월절에 성전에 와서 성전 세를 드렸다.

당시 세계통용 화폐는 '드라크마'라는 로마 화폐였다. 그런데 성전에서 로마의 화폐는 받지 아니했다. 이유는 '드라크마'에는 로마의 황제 시저의 형상이 있었다.

유대인들은 그것을 우상이라고 간주했다. 실제 당시 로마 통치를 받는 나라는 시저를 신으로 섬기도록 강요를 받고 있었다. 그래서 로

마 돈은 성전에서 받지 아니했다. 유대인들이 사용하는 세겔 이라는 화폐로 환전해서 바치어야 했다. 그래서 환전상이 필요했는데 드라크마를 세겔로 환전하는 수수료가 몇 배로 뛰었다.

그 환전 수수료의 이익이 제사장에게 들어갔다. 백성들은 제사하러 왔다가 속이 상하고 원망과 불평이 생겼다. 성전 본연의 임무는 없어지고 변질되고 타락되었다. 하나님의 이름으로 교회가 가난하고 헐벗은 백성들의 주머니를 털고 있었다. 겉은 거룩한 옷을 입었으나 그 속은 썩어 있었다.

성전의 존재목적은 예배이고 기도인데 그 예배와 기도를 통하여 하나님을 만나야 하는 곳인데 교회 와서 강도 같은 제사장이나 상인들에게 사기를 당하니 억울했을 것이다. 성전에서는 하나님께 바른 예배가 드려지고 하나님을 만나는 영광이 목적이 되어야 하는데 하나님이 수단화 되고 종교를 빙자해서 돈을 벌고, 제사장들은 성전이 장사하는 집이 되게 했다. 힘없는 백성들은 기쁨과 감사로 헌물 하는 것이 아니라 돈을 빼앗기게 되었고 탄식하고 있었다. 이러한 모습을 본 예수님은 화가 대단히 났다. 예수님은 목소리를 높였다.

"내 아버지의 집은 만민의 기도하는 집이거늘 너희는 장사하는 집을 만들었다."

예수님은 채찍으로 양과 소를 몰아내고 환전상의 상을 둘러 엎으셨다. 이런 때 우리는 '예수님! 아주 잘 하셨습니다.' 하고 박수를 쳐 주어야 한다.

교회가 왜 이렇게 변질 되었는가?
예배에 편리함을 추구하다 보니 이렇게 되어 버렸다. 양을 안고 가자니 힘들어서 그랬다. 성경 찬송 가지고 가자니 귀찮아졌다. 교회서 스크린에 자막으로 다 띄워 준다. 이것 까지는 좋은데 아예 성경 찬송이 없다. 삶에서 찬송이 없고 성경이 없으니 아예 성경을 읽지를 않는다. 이것은 변질 된 것이다.
현대인들이 싫어하는 것이 불편함이다. 그러나 신앙생활은 불편해야지 좋은 것이다. 좁은 길을 걷는 것이 불편함이다. 그 좁은 길 끝에 천국이 있고 불편한 가운데 하나님은 일 하신다.
사람들은 교회 와서 예배를 드리기보다 인터넷으로 예배하면서 편리함을 추구하다보니까 모이기를 폐하는 어떤 사람들처럼 되어버렸다.(히 10:25)
내가 하나님 앞에 거룩한 예배를 드렸는지, 내가 과연 신령과 진정으로 예배드렸는지 자신에게 스스로 물어보아야 한다. 내가 크리스천인지 아닌지 구분이 안 된다. 그 변질 된 신앙으로 천국에 들어 갈 수 있을까?

편리함을 추구하다가 신령과 진리로 드려야 하는 예배가 망가지고, 쉬운 것 편한 것 찾다가 나도 모르는 사이에 넓은 길로 가고 있는 것이다.

예루살렘 성전이 존재 목적에서 변질되어서 장사하는 집이 되었다. 성전의 주인 되시는 주님은 분노하셨다. 그리고 그 성전에서 소와 양을 몰아내었다. 그리고 해질녘에 예루살렘 밖으로 나갈 때 예수님은 배가 고팠다. 가까이 있는 무화과나무를 향해서 걸어가셨다. 그 무화과나무는 잎만 무성하였지 열매가 없었다.

예수님은 그 나무를 저주했다. 무화과나무는 관상용 나무가 아니라 열매를 얻기 위하여 심는다. 그런데 잎만 무성하지 열매가 없었다. 그러면 존재 목적에 위배된 것이다.

"이제부터 영원토록 네게 열매가 맺지 못하리라"(마 21:19).

저주를 받은 그 나무는 뿌리째 말라버리고 죽었다. 그런데 마가복음을 기록한 마가는 그때는 무화과의 때가 아니라 했다.

"멀리서 잎사귀 있는 한 무화과나무를 보시고 혹 그 나무에 무엇이 있을까 하여 가셨더니 가서 보신즉 잎사귀 외에 아무 것도 없더라 이는 무화과의 때가 아님이라"(막11:13).

무화과는 일 년에 두 차례 열매가 열리는데 지금은 무화과의 열매가 열릴 때가 아니었다. 전지하신 예수님이 지금은 무화과의 때가 아닌 것을 몰랐는가? 그러면 무화과나무를 저주한 것은 상징적 의미인 것이다. 형식뿐인 유대종교는 무너지고 심판을 받는다는 것이다. 그로부터 36년 후인 AD 70년에 로마는 티토 장군을 보내서 예루살렘을 완전히 멸망시키었다. 돌 위에 돌 하나도 남기지 않고 무너뜨렸다. 성전도 무너뜨렸다. 주민들은 다른 곳으로 다 이주시켰다.

주님이 채찍을 들어서 양을 몰아내고 돈 바꾸는 자들의 상을 둘러엎을 때, 성전 본연의 자세로 돌아가고 개혁되었다면 이 저주의 심판은 면했을 것이다. 그러나 고집을 부리고 경고를 무시하였더니 이제는 하나님의 심판이 떨어진 것이다.

예수님이 성전을 청결하게 하니 제사장들이 나왔다. 예수님의 하는 일은 옳았다. 그런데 그 성전의 관리 책임은 제사장들에게 있었다. 머쓱해진 제사장이 물었다.

> "대제사장들과 백성의 장로들이 나아와 가로되 '네가 무슨 권세로 이런 일을 하느뇨? 또 누가 이 권세를 주었느뇨?"(마 21:23).

당시 제사장이 예수님이 하신 일을 볼 때는 웃기는 일 이었다. 예를 들면 우리 집 마당에서 장사하는데 이웃집 아저씨가 오더니 장사하는 사람 다 쫓아냈다면 웃기는 일이다. 제사장이 볼 때는 성전은 내가 관리하는데 네가 무슨 권한으로 이런 일을 하느냐? 누가 너에게 이런 일을 할 수 있도록 권위를 주었느냐?

그런데 더 웃기는 일이 벌어지고 있다. 이 성전의 주인은 예수님이다. 성전 주인이 왔는데 성전 관리하는 제사장이 자기가 주인 행세를 하고 있는 것이었다. 제사장들은 예수를 나사렛 시골에서 올라온 한 청년으로 알았지만 그 분이 성전의 주인 되시는 하나님 이라는 사실을 몰랐다는 데에 문제가 있는 것이다.

제사장들은 예수에게 이런 일을 하는 표적을 보이라고 하였다.

"네가 이런 일을 행하니 무슨 표적을 우리에게 보이겠느뇨?"
(요 2:18).

예수님은 "너희가 이 성전을 헐라 내가 사흘 동안에 일으키리라" 했다. "이 성전은 사십 육 년 동안에 지었거늘 네가 삼일 동안에 일으키겠느뇨?"

이 성전은 헤롯이 정치적인 목적으로 지은 것이다. 유대인들이 성전 짓는 것을 기뻐하기 때문에 그들의 환심을 사기위하여 돈이 있을 때는 짓고 없으면 중단하고 해서 46년을 지어온 성전이다. 그리고 성전을 헌다는 것은 유대인의 신앙에서 보면 신성모독 죄로 돌에 맞아 죽을죄이다. 성전에는 하나님의 눈동자가 머무는 곳이기 때문이다. 그러나 예수님은 성전 된 자신을 두고 말씀하셨던 것이다.

"예수는 성전 된 자기 육체를 가리켜 말씀하신 것이라"(요 2:21).

성전은 예수님 자신이다. 유대인들은 눈에 보이는 건물을 성전으로 생각했다. 예수님은 이 성전을 헐어라. 내가 삼일 만에 일으키리라 했다. 당시 제사장들이나 백성들이 알아들을 리가 없었다. 예수님은 내가 십자가에서 죽은 후 사흘 만에 부활할 것이고 부활 한 내가 곧 성전이라는 것이다.

구약 시대는 하나님 임재의 상징인 성전으로 백성들이 와서 예배하도록 규정하였다. 구약의 성전은 장차 오실 참 성전이 되시는 예수 그리스도의 그림자 이였다. 이제 성전의 실재가 되시는 예수님이 오셨다. 이제 눈에 보이는 건물은 헐어라. 내가 곧 성전이라는 것이다. 예수는 참 성전이 되신다.

오늘 날 사람들이 하나님께 예배드리는 예배당을 성전으로 우상화 시키는데 문제가 있다. 이 집은 예배드리는 집, 곧 예배당이지 성전이 아니다. 이곳은 하나님께 기도하는 집이요 예배하는 집이다. 성전은 예수님 자신이다.

그러므로 오늘 날 교회를 크게 건축하면 하나님이 복 주신다고 믿는다면 잘못된 신앙이다. 예수님은 이 성전을 헐어라고 하였는데 우리는 자꾸만 크게 지으려고 한다. 로마 가톨릭이 성당을 크게 지으면서 이 성전 짓는데 헌금하면 연옥에 있는 여러분 부모의 영혼이 천국으로 올라간다고 속인 것이 베드로 성당이다.

개신교회는 이 성전을 지으면서 헌금하면 하나님이 복 주신다고 한다. 천주교회의 그것이나 개신교의 그것이나 그게 그것이다.

교회를 크게 짓고 그 건물에 마음 빼앗기고 그 건물이 성전이라고 하면 그 성전이 우상이 된다. 그 우상은 헐어야 한다.

성전은 오직 예수님만이 성전이다. 예수 그리스도가 없는 성전은 성전이 아니다.

오늘날 교회는 교회의 본질에서 벗어나고 이탈 된 것이 너무나 많다. 그런데 본질에서 벗어났음에도 불구하고 너무 오랫동안 익숙해져서 그것이 옳은 줄 알고 그대로 가고 있다. 익숙하다고 옳은 것은 아니다. 이렇게 가다가는 마지막에 구원 받을 수 없다. 이대로 가면 분명 천국에 들어갈 수 없다. 그런데도 익숙하여졌고, 묵은 포도주 맛을 보았기 때문에 개혁 없이 그대로 가고 있는 것이다.

성도는 자신을 매일 개혁하고 날마다 자신을 변화시켜야 한다. 그렇지 않으면 심판이 온다.

어느 분이 큰 교회에서 모임을 갖게 되었다. 그 교회 문 앞에 들어서는데 성령님이 말씀했다.

"이 교회는 나만 없고 다 있는 교회다."

이 분에게는 큰 충격 이였다. 겉으로는 호화로운 건물이 있고, 그 안에 놀라운 찬양대가 있고, 모든 조직이 잘 되어있고, 그 교회 담임 목사는 사람들에게서 성공한 목사라고 칭송 받고 있는데 성령님은 이 교회는 나 예수만 없고 다 있는 교회라고 하신다. 예수님이 없다면 그곳은 교회라는 이름으로 사람을 타락시키고 변질시키는 곳이다.

오늘날 교회가 변질되어 가고 있다. 그 성전에서 종교 강연을 하고, 그 성전에서 세상 유행가를 부르고 있다. 멸망의 가증한 것이 거룩한 곳에 서 있다. 그 성전에서 바자회를 열어 장사 하고 있다. 교회서 장사하고 바자회 하는 것은 주님이 기뻐하지 않는 것이라고 하면서도 변명하고 합리화 한다.

"우리가 장사해서 이문을 남깁니까? 다 선교지에 보내고 교회 건축 헌금으로 드리는데!"

목적은 좋다. 그러나 선한 목적은 선한 방법으로 이뤄져야 한다. 하나님의 일은 동기도 좋아야 하지만 과정도 좋아야 한다. 목적은 좋았는데 방법은 성전에서 사고팔고 장사하였다.

교회에서는 사고파는 그 일 안하는 것이 좋다. 꼭 하려면 집을 제공

하여서 하면 그 집 주인도 복이고 봉사하는 사람도 복이 된다. 편리하다고 교회서 하다 보니 좋은 일하고 하나님께 책망 받는 것이다.

교회는 오직 기도하는 장소이고 예수님을 예배하기 위하여 모이는 곳이다. 그곳에서 어떤 명목으로도 사고파는 일은 주님을 기쁘시게 할 수 없다.

예수님이 성전을 청소하면서 개혁 한 것은 구약에서 말라기 선지자가 이미 예언한 말씀의 성취 이였다.

> "만군의 여호와가 이르노라 보라 내가 <u>내 사자</u>를 보내리니 그가 내 앞에서 길을 예비할 것이요 또 너희의 구하는 바 주가 홀연히 그 전에 임하리니 곧 너희의 사모 하는 바 <u>언약의 사자</u>가 임할 것이라. 그의 임하는 날을 누가 능히 당하며 그의 나타나는 때에 누가 능히 서리요 그는 <u>금을 연단하는 자의 불과 표백하는 자의 잿물과 같을 것이라</u>"(말 3:1-2).

'내 사자', '언약의 사자'는 예수님을 두고 한 말이다. 예수님은 '언약의 사자'이다. 그 '언약의 사자'가 하는 일이 있는데 '금을 연단하는 자의 불과 표백하는 자의 잿물과 같을 것이라' 했다.

옛날에 표백하는 일, 옷감을 희게 할 때는 잿물을 사용했다. 그 분이 어디로 오시는가? 그 성전으로 오신다. 거기서 뭐 하는가?

불로 금을 연단하여 순금을 찾아내고, 잿물로 더러워진 옷을 표백하여 깨끗한 흰옷을 만든다는 것이다. 그 일이 성전에서부터 이뤄진다. 그 성전의 사명은 하나님을 예배하고 기도하면서 나의 불결해진 죄를 씻어내고 내게서 불순물을 뽑아내버리고 정금을 만들어서 천국으로 데려가겠다는 것이다.

그 성전에서 그 일을 해 내야 하는데 물건을 사고파는 장사 하고, 세상 종교 강연이나 하고, 세상 노래나 부르고 있다. 이러한 일은 성전에서 하는 일이 아니다.

2. 신약에서 성전은 예수의 피로 구속 받고, 성령의 임재가 있는 성도가 곧 성전이 된다.

> "너희가 하나님의 성전인 것과 하나님의 성령이 너희 안에 거하시는 것을 알지 못하느뇨 누구든지 하나님의 성전을 더럽히면 하나님이 그 사람을 멸하시리라. 하나님의 성전은 거룩하니 너희도 그러하니라"(고전 3:16-17).

나의 마음의 지성소에 예수님이 계시고 성령이 임재하면 내가 곧 성전이 된다. 그 성전이 진짜 성전인데 내 안에 예수는 없고 눈에 보이는 예배드리는 집이 성전인줄 알고 그 성전에서 죽어라고 봉사만 한다. 교회 안에서 아무리 많은 봉사를 하여도 내 안에 예수님이 없다면 불교 법당에 가서 봉사하는 것과 똑 같다

교회의 원문의 뜻은 '에클레시아'이다. 그 뜻은 세상에서 '불러내었다', '구별했다' 는 의미를 가지고 있다. 세상에서 불러내어 거룩하게 구별함을 받아서 예수의 피로 죄 씻음 받고 성령이 임재하여 있는 사람이 곧 교회이다. 그리고 예수 그리스도는 교회의 머리가 되시며 모든 성도는 그의 지체가 된다.

성도는 광야의 조각목 같은 인생이다. 조각목은 광야에서 흔한 나무이며 화목(火木)으로 밖에 쓰일 수 없는 나무다. 이 나무가 택함을 받아서 다듬어지고 그 안과 밖을 정금으로 씌웠다. 사람은 구원 받기 전에는 지옥의 화목 밖에 될 수 없으나 하나님에 의하여 택정함을 입고 예수 그리스도의 피로 죄 씻음 받고 정금보다 귀한 믿음으로 의의 옷을 입었다. 거기에 성령이 임재 하여서 거룩한 성전이 되었다. 내 안에 성전이 이뤄진 성도는 그리스도와 연합이 이뤄져서 그리스도와 하나가 되고 거룩한 천국 백성으로 살다가 그 나라에 입성하는 것이다.

-간증-

서울에 있는 작은 교회에 첫 임지로 부임하였다. 한 자매가 어린이 교사로 봉사하고 있었는데 무남독녀인 그녀는 부모의 소망 이

였으나 늘 우울하고 말이 없었다. 그녀가 고등학교 1학년 때에 학교 수업이 끝나고 집으로 돌아오는 길에 불량한 깡패 녀석들에게 붙잡혔다. 그녀는 으슥한 집으로 끌려들어갔고 거기서 윤간을 당하고 밤늦게 집으로 돌아왔다. 충격을 받은 이 자매는 학교도 중퇴하였고 마음에 받은 상처는 우울증으로 변하였다. 세월은 수년이 지났지만 그 악몽에서 벗어날 수가 없었다. 그러던 어느 날 새벽 기도회가 끝나고 기도하던 중에 나에게 임한 강력한 성령의 임재는 그 자매에게 안수하여 기도하라는 감동이 왔다. 나는 성령님께 순종하여 기도하는 자매에게로 갔다.

"자매님, 제가 기도하겠습니다."

자매는 하던 기도를 멈추고 무릎을 꿇었다. 기도 중에 내 입에서 성령이 주시는 말씀이 나왔다.

"사랑하는 딸아, 너는 광야의 조각목 같은 인생이지만 내가 너를 택하였고 내가 너를 다듬어서 법궤같이 만들고 그 안과 밖을 정금으로 입히리라. 내가 너를 말씀의 종으로 사용하리라."

그 순간 그 자매는 울음이 터졌다. 그날 아침 그녀는 깊은 통곡을 하였다. 성령은 통곡하는 그 자매에게 바람처럼 임하였고 가슴을 시원하게 터치 하였다. 그 날부터 마음의 상처가 치유되었다. 그 악몽이 멀고 먼 어린 시절의 일처럼 기억이 희미해져 버렸다. 그리고

> 결혼 적령기가 된 그녀에게 신학대학교 졸업반인 어느 신학생이 청혼을 하였고 지금은 그녀가 목사의 아내가 되어서 말씀 사역으로 남편을 내조하고 있다.

쓴 뿌리(히12:15) 감정은 마음에 남아 있는 상처로서 고통이며 아픔이다. 마음의 상처를 해결하기 위하여 상담학이 다소 도움이 될 수 있으나 근본적 치료가 불가능하다. 쓴 뿌리를 치유하기 위하여 뉴에이지에서는 명상을 권하고 불교에서는 묵주를 돌리며 번뇌를 체념으로 끊으려 한다. 쓴 뿌리 감정과 상처는 지성소에서 예배를 통한 하나님과의 만남으로 치유가 된다. 치유 받은 이후에는 그 상처는 오히려 인생의 밑거름이 되어서 다른 사람에게 도움이 된다.

3. 이것들을 법궤 안에 넣고 뚜껑을 덮으라.

법궤 안에는 '만나를 담은 금 항아리와 아론의 싹이 난 지팡이와 언약의 비석들'이 있다고 하였다

1) 만나
이스라엘 백성이 애굽에서 나와서 광야에 머문지 두 달 반이 되었

다. 이제 애굽에서 가지고 나온 양식이 바닥이 났다. 그들은 양식이 다 떨어지니까 위기의식이 팽배하여 졌고 애굽을 사모하며 이렇게 불평했다.

> "우리가 애굽 땅에서 고기 가마 곁에 앉았던 때와 떡을 배불리 먹던 때에 여호와의 손에서 죽었더면 좋았을 것을 너희가 이 광야로 우리를 인도하여 내어 온 회중으로 주려 죽게 하는도다."(출 16:3)

그들은 상황이 어려워지자 감정적이며 불신앙적인 말을 했다. 하나님은 그들을 노예에서 자유민으로 해방시켜 주었을 뿐만 아니라 그 민족을 하나님의 선민으로 삼고 세계에 대하여 제사장 나라로 세우기 원하여 그들을 애굽에서 인도하여 냈다. 그런데 먹을 양식이 없으니까 모세와 하나님을 원망하며 다시 애굽으로 돌아가서 바로를 섬기며 종노릇 하자는 것이다.

그들은 바로의 압제에서 하루 종일 벽돌을 굽고 농사일을 하고 저녁때 고기 가마 곁에서 바로가 던져 주는 고기 덩어리나 건져먹고 살다가 꿈도 없이 죽어 가던 그때를 그리워하고 있었다. 오직 육신의 먹을 것만 찾고 있었다. 그들은 몸에 젖은 노예근성에서 벗어나지를 못하였다.

치료해도, 치료해도 치료가 안 되는 것이 불신앙이고 불 신앙적인 말이다. 신앙이라는 것은 하나님의 뜻을 바로 알고 거기에 자기를 헌신하는 것이다. 불신앙은 하나님의 뜻을 모르고 사는 것이며 허탄한 곳에 자기 정력을 소모 시키는 것이다.

하나님은 히브리 백성을 애굽의 노예생활에서 해방시키고 홍해를 건너게 하고, 광야로 인도하실 때 그 많은 백성을 어떻게 먹이실까 다 아셨고 준비하고 있었다. 사실 먹는 식구가 몇 백 명만 되어도 먹는 문제는 보통 일이 아니다. 그런데 이스라엘 민중의 수는 장정 남자만 60만 이였다. 그들이 광야에서 양식 걱정을 한 것은 결코 무리가 아니다. 오히려 아무런 대책 없이 이 큰 무리를 끌고 나온 모세와 아론이 제 정신이 아니라고 봐야 될 것이다.

또 모세와 아론인들 무슨 대책을 어떻게 세울 수 있었을까?

무역을 해서 양식을 사 올 수 있겠는가?

전투를 해서 양식을 뺏어 올 수가 있겠는가?

모세도 아무런 대책을 세울 수가 없었다. 아무 대책이 없으니 하나님만 바라보는 것이다. 그렇다면 원망하는 말보다는 감사의 말을 하고, 불 신앙적인 말을 하는 것보다야 하나님을 믿고 신앙적인 반응을 보이면 얼마나 좋겠는가? 그럼에도 불구하고 하나님은 불평하는 그들에게 만나를 주셨다. 만나는 그들이 이제까지 보지도 못했고, 먹어 본 일이 없는 하늘이 내려준 은총의 식량 이였다.

> "이스라엘 족속이 그 이름을 맛나라 하였으며 깟씨 같고도 희고 맛은 꿀 섞인 과자 같았더라"(출 16:31).

그들은 그 이름을 "만나"라고 지었다. "만나"라는 이름의 뜻은 "이것이 무엇이뇨?" 라는 뜻이다. 하나님은 그 만나를 항아리에 담아서 여호와 앞에 두어 간수하라고 했다.

> "또 아론에게 이르되 항아리를 가져다가 그 속에 맛나 한 호멜을 담아 여호와 앞에 두어 너희 대대로 간수하라"(출 16:33).

하나님이 그들 백성에게 법궤 앞에 이 만나를 담아 보관하라고 한 것은 무슨 의미인가?

하나님은 너희를 메마른 광야를 지내게 하면서도 40년 동안 굶기지 아니했다는 것을 기억하라는 것이다. 그렇다면 우리 마음의 지성소에는 만나를 담은 항아리가 있는가?

오늘날까지 먹을 것을 주시고 은혜를 베풀어주시고 생명을 주신 그 은혜의 만나를 담은 항아리가 있는가?

하나님의 은혜를 고맙게 기억하고 있는가?

아니면 은혜는 망각의 피안으로 사라졌는가?

우리 마음의 지성소 안에는 은혜를 기억하고 감사가 있어야지 결코 원망과 불평이 없어야 한다.

하나님은 광야에서 왜 만나를 비같이 내려주셨는가?

> "…네 열조도 알지 못하던 만나를 네게 먹이신 것은 사람이 떡으로만 사는 것이 아니고 여호와의 입에서 나오는 모든 말씀으로 사는 줄을 너로 알게 하려 함이라…"(신 8:3).

이스라엘 백성은 만나를 감사하기보다 불평하였다.

만나가 꿀 섞인 과자와 같이 맛이 있었으나 오래 먹으니 그 만나가 지겨워졌다. 그들은 감사함으로 하나님께 구한 것이 아니라 이스라엘 가운데 섞여 살던 무리들이 먹을 것 때문에 탐욕을 품자 이스라엘 자손도 울면서 매일 먹는 만나가 지겹다고 불평을 하였다.

> "우리가 애급에 있을 때에는 값없이 생선과 외와 수박과 부추와 파와 마늘들을 먹은 것이 생각나거늘 이제는 우리의 정력이 쇠약하되 이 만나 외에는 보이는 것이 아무것도 없도다"(민11:5-6).

그들은 하나님의 은총으로 주어진 만나를 감사하기보다 불평하였다.

"누가 우리에게 고기를 먹여줄까? 이제 만나는 지겨우니 우리에게 양파와 후추와 오이와 수박을 달라. 우리가 애급에서 고기 가마 옆에서 고기를 먹던 때가 좋았노라."

하나님은 원망하는 그들에게 고기를 원 없이 먹게 하여 주되 하루

나 이틀, 닷새나 열흘이 아니라 코에서 냄새가 나서 싫어하기까지 한 달 동안을 먹게 하겠다고 하였다. 모세 자신도 하나님이 주신 말씀을 믿을 수가 없었다. 자기와 함께 하는 보행자만 60만 명인데 이들을 위하여 얼마만큼의 소떼와 양 떼를 잡아야 이들이 한 달간을 먹을 수 있을까? 하나님은 모세에게 말씀하였다.

"내 손이 짧아졌느냐 너는 내 말이 네게 임하는 여부를 보라"

하나님은 바다에서 바람을 일으켰고 바다 쪽에서 메추라기 떼가 몰려와 진 사면에 떨어졌다. 땅 위로 두자 높이만큼이나 쌓였다. 백성들은 그 메추라기를 모아 요리를 하였다. 그러나 그 고기가 이빨 사이에서 씹히기도 전에 탐욕에 붙잡혔던 그 백성에게 극심한 재앙이 왔다. 원망이나 불평은 하지 말아야 한다. 원망이나 불평을 하면 마귀가 자기 이름을 부르는 줄 알고 급히 달려오는 법이다.

그 백성은 탐욕에 사로잡혀서 원망하고 불평하다가 고기를 입에 넣었으나 먹지도 못하고 죽었다. 모세는 원망과 불평으로 죽은 백성들을 그곳에 장사 지내고 그 곳을 떠났다.

2) 아론의 싹이 난 지팡이

이스라엘 회중으로부터 하나님이 주신 권위에 도전한 반역 사건이 일어났다. 민수기 16장, 17장은 고라의 반역으로 인한 하나님의 심판을 기록하였다. 지도자 모세와 아론을 반대하여 반역을 일으킨 사람은 레위의 증손 고라와, 르우벤 자손 엘리압의 아들 다단과 아비람 이었다. 이들은 이름 있는 족장들 250명과 야합하여 모세와 아론을 반대했다.

레위 자손의 반역은 우리도 레위 자손이니 아론의 제사장 직분을 가질 수 있다고 주장한 데서 비롯했고, 르우벤 지파의 다단과 아비람의 반역은 우리도 장남 지파로서 지도할 능력이 있다고 모세의 지도권을 탐한 것이다. 이것이 악령으로 인한 고라 사건이다. 이 사건으로 하나님은 고라 일당 250여 명을 순식간에 땅이 입을 벌려 삼켜 버리도록 했다.

심판은 여기서 끝나지 아니하였다. 이 사건의 영향으로 모세와 아론에게 대해서 불평하는 사람들이 계속 남아 있었다. 그들은 지도자들과 고라 일당의 죽음은 결국 모세와 아론 때문이었다고 원망하였다.

하나님은 불평하고 원망하는 이들을 염병으로 치셨다. 그날에 14,700명이 죽었다. 하나님께서 이 때 백성들로 하여금 아론의 제사장 직분이 어떠한 것인가를 알게 하기 위하여 이스라엘 12지파의 족장들로 지팡이를 만들어 오게 하고 그 지팡이에 자기 족장의 이름을 쓰게 하였으며 레위 지파에서는 아론의 이름을 쓰게 했고, 그 지팡이를 증거궤 앞에 두게 하였다. 이튿날 각 족장이 자기 지팡이를 취하매 아론의 지팡이에 움이 돋고 순이 나고 꽃이 피어서 살구 열매가 열렸다.

"이튿날 모세가 증거의 장막에 들어가 본즉 레위 집을 위하여 낸 아론의 지팡이에 움이 돋고 순이 나고 꽃이 피어서 살구 열매가 열렸더라"(민 17:8).

이 기적은 아론의 제사장 직분은 하나님의 소명에 의해서 된 직분이지 결코 탐낼 직분이 아님을 깨우쳐 알게 하였다. 하나님은 아론의 싹이 난 지팡이를 증거궤 앞에 두어 반역한 자에 대한 표징이 되게 하였다.

"여호와께서 또 모세에게 이르시되 아론의 지팡이는 증거궤 앞으로 도로 가져다가 거기 간직하여 반역한 자에 대한 표징이 되게 하여 그들로 내게 대한 원망을 거치고 죽지 않게 할지니라"(민 17:10).

유다의 웃시야 임금은 제사장 직분을 탐내고 왕의 권력으로 제사장을 물리치고 성소에서 분향하려다가 하나님이 치시므로 순식간에 문둥병에 걸렸다. 그는 왕위를 아들에게 물리고 문둥병으로 인하여 별궁에 거하다가 세상을 마감하였다.

하나님의 소명에 의한 거룩한 제사장의 직분은 인간이 흠모할 직분이지 결코 탐낼 수 없는 직분이다. 어떠한 이유로든지 그 직분의 권위에 도전하여서는 안 된다. 교회의 모든 직분은 명예가 아니다. 그 직분은 일을 하라고 주어진 기능이며 사명이다.

3) 언약의 비석들

모세는 40일을 호렙산에 머물며 금식하였다. 그때 모세는 하나님으로부터 십계명을 기록한 두 돌 판을 받았다. 두 돌 판에는 영원히 변할 수 없는 열 가지 계명이 기록되어 있었다.

이 계명은 하나님의 선민에게 준 행동강령이며, 천국백성이 지켜야 할 진리의 규범이었다. 그러나 이스라엘 백성은 모세가 40여 일간 보이지 않자 모세가 죽은 줄로 알았다. 그들은 아론을 중심하여 금송아지 우상을 만들고 이것이 너희를 애굽에서 인도하여 낸 신이라 하며 금송아지를 예찬하고 그 앞에서 광란하며 금송아지를 하나님으로 대체하였다. 그 백성들은 모세를 통하여 하나님이 친히 새겨 주는 율법을 받는 최상의 은혜의 시간에 최악의 죄를 지었던 것이다.

모세는 금송아지 앞에서 뛰노는 그 백성의 방자함을 보고 두 돌 판을 산 밑으로 던져 깨 버렸다. 하나님의 말씀은 깨버릴 수 없는 불변의 언약임에도 불구하고 모세는 두 돌 판을 던져서 깨버렸다. 그 날에 우상을 섬기던 백성 삼천 명 가량이 죽었다.(출 32:28) 하나님은 모세에게 두 돌 판을 모세 자신이 만들어 오도록 하였다. 모세는 다시 하나님께 나가서 40일을 금식하며 기도하여 두 돌 판에 하나님이 친히 새긴 계명을 받았다.

하나님은 법궤 안에 두 돌 판의 계명을 넣고 법궤 앞에 만나를 담은 금 항아리와 아론의 싹이 난 지팡이를 두게 하였다.

이것은 만나를 불평하며 고기를 요구하다가 심판을 받은 일과, 하나님의 권위에 도전하다가 고라와 다단과 아비람 일당이 땅 속으로 매몰된 사건과, 금송아지를 섬긴 죄악으로 말미암아 언약의 율법을 깨뜨린 이 범죄를 기억나게 하는 세 가지가 지성소의 법궤와 함께 있었다.

4. 법궤는 속죄소 뚜껑으로 덮어라.

지성소에는 지엄하신 하나님의 임재가 있는 곳이다. 어떤 피조물도 창조주 되신 하나님을 만나거나 창조주 되시는 하나님의 그 거룩함 앞에서 고개를 들 수 있는 피조물은 없다.

지성소에는 피 없이 들어 갈 수 없으며, 법궤는 피 뿌림 없이 가까이 할 수가 없다. 그럼에도 하나님은 거기에서 내가 너를 만나 주고 이스라엘 백성에게 이를 말을 하겠다고 하였다. 죄인이 하나님을 만날 수 있는 것은 속죄소가 있기 때문이다. 속죄소가 죄를 덮고 있기 때문에 하나님과의 만남이 이뤄질 수 있다.

하나님의 임재가 있는 거룩한 지성소를 우리 마음의 지성소와 비교하여 보자. 우리 마음의 뚜껑을 열면 무엇이 있는가?

하나님의 은혜를 원망으로 돌린 죄가 있다. 하나님이 주신 만나의 은총을 감사하지 못하고 불평하였다. 하나님의 권위에 도전하였다. 이제 땅이 입을 벌려 삼켜버린 고라 무리와 같이 죽어 마땅한 죄인이다. 우리에게는 하나님 보다 더 좋은 우상이 있다. 우리는 말씀 앞에서 내가 깨져야 하는데 내가 말씀을 깨버린 죄가 있다. 죄인은 죽어 마땅하다. 그런데 고맙게도 하나님은 예수 그리스도의 보배로운 피로 우리 마음에 있는 죄를 덮으셨다. 법궤에 뚜껑을 덮었다. 그 뚜껑은 곧 속죄소이다. 속죄소란 형태상으로 볼 때 법궤를 덮는 뚜껑이다.

속죄소는 히브리어로 '카포레트'로 '뚜껑'이라고 했고, '시은좌'라고 번역하기도 했다. 이 단어는 '덮다', '지워버리다', '제거하다'라는 의미를 지닌 '카파르' 라는 단어가 명사화 된 것이다.

속죄소는 형태상으로 볼 때 법궤를 덮는 뚜껑이지만 법궤와 연한 것이었고, 하나님의 백성들의 죄를 덮고, 지워버리고, 제거하고, 은혜를 베푸는 장소 곧 '시은좌'이다.

법궤 안에는 율법이 있다. 그 율법은 우리의 죄를 고발하고 있다. 율법의 송사가 있는 한 하나님 앞에 설 수 있는 의인은 한 사람도 없다. 그런데 고맙게도 율법이 들어 있는 법궤에 뚜껑을 덮고 그 위에 염소와 송아지의 피를 뿌렸다. 그 피는 예수 그리스도의 속죄하는 피를 상징한 것이다. 그리스도의 피로 율법을 덮으면 율법의 송사는 마침이 된다. 어떤 죄인이라도 어린양의 피 뿌림을 받으면 심판의 사자는 그 피를 보고 넘어간다. 속죄소는 죄에 대한 하나님의 심판이 덮여지는 곳이고, 죄인을 불쌍히 여기시고 죄를 지워버리는 하나님의 자비와 긍휼만이 나타난다. 그곳이 속죄소이며 은혜를 베푸는 시은소이다.

5. 속죄소는 대제사장이 이스라엘을 대신하여 하나님과 만나는 곳이다.

지성소에는 아무나 들어갈 수 없다. 법궤와 속죄소가 있는 지성소에는 일 년 중 하루 대 속죄일에 대제사장만이 수송아지와 염소의 피를 가지고 들어가 속죄소의 단에 피를 뿌려서 죄를 속하는 일을 하고 하나님을 만났다.

> "그는 또 수송아지의 피를 가져다가 손가락으로 속죄소 동편에 뿌리고 또 손가락으로 그 피를 속죄소 앞에 일곱 번 뿌릴 것이며"(레 16:14).
> "또 백성을 위한 속죄제 염소를 잡아 그 피를 가지고 휘장 안에 들어가서 그 수송아지 피로 행함 같이 그 피로 행하여 속죄소위와 속죄소 앞에 뿌릴지니"(레 16:15).

대제사장은 한 번은 자기 죄를 위하여 피를 뿌리고 한번은 모든 이스라엘 백성의 죄를 속하기 위하여 피를 뿌렸다. 수송아지와 염소의 피는 장차 나타날 그리스도의 보혈을 예표 하였다. 그리고 일곱 번 피를 뿌린 것은 완전을 계시하는 완전수로서 장차 나타날 그리스도가 십자가에서 이룰 구속의 완전함을 상징한 것이다.

우리의 대제사장이 되시는 예수 그리스도는 하늘의 속죄소에 단번에 피를 뿌려 우리의 죄를 속하였다.

> "염소와 송아지의 피로 아니고 오직 자기 피로 영원한 속죄를 이루사 단번에 성소에 들어가셨느니라"(히 9:11).
> "그러므로 우리가 긍휼하심을 받고 때를 따라 돕는 은혜를 얻기 위하여 은혜의 보좌 앞에 담대히 나아갈 것이니라"(히 4:16).

지성소에는 대 속죄일에 대제사장이 백성을 대신하여 들어갔다. 이스라엘 사람들은 이렇게 생각하였다.

"세계의 중심은 이스라엘이다. 이스라엘의 중심은 예루살렘이다. 예루살렘의 중심은 성전이다. 성전의 중심은 법궤가 있는 지성소이다"

또 이스라엘 백성의 교리 문답에는 이렇게 묻고 대답하였다.

일 중에 제일 중요한 일은 무슨 일입니까?
일 중에 제일 중요한 일은 죄 사함 받는 일입니다.

장소 중에 제일 중요한 장소는 어디입니까?
장소 중에 제일 중요한 장소는 지성소입니다.
날 중에 제일 중요한 날은 무슨 날입니까?
날 중에 제일 중요한 날은 대 속죄일입니다.

사람 중에 제일 중요한 사람은 누구입니까?
사람 중에 제일 중요한 사람은 대제사장입니다.

대제사장은 이스라엘 백성의 모든 죄를 사하기 위하여 하나님 앞에 나갔다. 이 날은 하나님의 절기에 속한 초막절 중에 대 속죄일에 행하여진다. 대 속죄일에는 금식을 선포하고 회개하는 날이다. 이 날은 대제사장이 백성을 대표하여 하나님을 만날 수 있는 날이며 죄 용서함을 받는 가장 중요한 날이다. 만약에 대제사장이 실수하면 백성은 죄 사함을 받을 수 없다. 그러므로 대 속죄일 전날 대제사장은 성전의 대제사장 방에서 밤을 지새우며 연장자 제사장이, 대제사장이 실수 하지 않도록 대제사장이 하여야 할 일들을 언급하고 확인했다.

"우리는 하나님께 당신을 위임합니다... 이스라엘의 눈은 모두 내일 당신을 주시하고 있을 것입니다. 당신이 실수하면 우리는 죄 사함 받지 못하고 죄 사함 받지 못하면 하나님을 만날 수 없습니다. 내일 당신은 왕 중의 왕 앞에 서게 될 것이며 정의의 보좌 앞에서 모든 죄들을 흩트려 트릴 것입니다."(강문호 대속죄일)

대제사장은 온 백성을 대표하여서 그 거룩하신 하나님을 만났던 것이다.

"성경 열왕기상하는 시작과 끝이 대조적이다. 시작은 다윗이 세운 광대한 나라에서 솔로몬이 왕위를 계승하고 찬란한 성전을 짓고 막강한 군사력과 경제력을 바탕으로 광활한 영토를 장악하여 최고의 영광을 누리는 장면이다. 끝은 성전이 파괴되고 왕의 두 눈이 뽑혀 백성들과 함께 포로로 끌려가는 비참한 장면이다. 그 막강한 유다 나라가 100년도 되지 않아 남쪽 유다와 북쪽 이스라엘로 분열되고 약소국으로 전락하고 400년도 안되어 남북이 다 망하는 비참한 신세가 된 것이다"(한홍 왕들의 이야기 1)

이스라엘의 열 왕들 중에 하나님을 만났던 왕들, 다윗과 솔로몬 그리고 히스기야는 하나님을 만났고, 하나님의 음성을 들었다. 그들은 하나님을 경외하였으나 대부분의 악한 왕들은 하나님과의 만남이 없었기 때문이다.

우리 인생에서 하나님을 만나야 한다. 하나님을 만나면 왜 살아야 하는지 그리고 어떻게 살아야 하는지 인생이 해석되어진다. 인생이 해석되어지면 사명의 줄을 잡게 된다. 사명에 사는 사람은 삶 자체가 능력이고 보람이다.

6. 속죄소에는 두 그룹의 천사가 날개를 펴서 속죄소를 덮고 있다.

> "그룹들은 그 날개를 높이 펴서 그 날개로 속죄소를 덮으며 그 얼굴을 서로 대하여 속죄소를 향하게 하고"(출 25:30).

속죄소 위에는 두 그룹의 천사가 날개를 펴서 속죄소를 덮고 있으며 얼굴을 서로 마주대하여 속죄소를 바라보고 있다. 속죄소 위에 두 그룹의 천사를 세운 것은 상징적이다. 예수 그리스도의 구속의 역사를 성취하는 일에는 두 그룹의 천사가 지켜보고 있다. 천사는 하나님이 부리는 영으로서 하나님의 사역자들을 보호하고 하나님의 구속 사역을 지켜보며 그 일을 방해하는 자들을 심판하신다.

둘은 증인의 수이며 확실하다는 증거가 된다. 천사는 그리스도의 대속의 사역을 지켜보고 있다. 이 거룩한 대속의 사역을 방해하거나 거역하거나 불순종할 때 하나님의 엄한 심판이 있으며, 그 심판은 죽음을 의미한다. 그러나 그 구속의 사역을 성취하는 일을 천사가 보호하고 돕는다.

이 의미를 영적으로 볼 때, 교회를 어지럽히거나 그리스도의 구속사역을 방해하면 심판이 따른다. 그러나 그리스도의 구속 사역에 몸 바쳐 헌신할 때 하나님은 부리시는 영, 천사를 보내셔서 그를 보호하신다.

땅위에 있는 모든 사람에게는 두 명의 천사가 할당 되어 있다. 그리고 하나님의 큰일을 하는 자에게는 더 많은 천사가 할당될 수도 있다. 두 명의 천사 중 한 천사는 우리가 행하는 언행을 기록하여 하나님 나라에 있는 행위의 책에 기록하며, 다른 한 천사는 우리를 지키고 보호한다. 사탄도 자기의 졸개 귀신을 보내어서 우리가 죄를 짓고 천국에 못 들어가도록 유혹하고 참소한다. 사탄은 불화살을 쏘며 재난을 가지고 온다. 내가 죄를 짓고 회개가 없으면 천사도 그를 보호하지 않는다. 그러므로 죄를 지으면 즉시 예수의 피 뿌림의 회개가 필요한 것이다.

예수님이 겟세마네 동산에서 기도하던 때, 대제사장이 보낸 군병들이 예수를 체포하러 검과 망치를 들고 왔다. 그때 베드로는 칼로 대제사장의 종 하나를 쳤다. 그 칼은 빗맞아 대제사장의 종 말고의 귀가 잘리었다. 예수는 떨어진 귀를 붙여주며 베드로에게 이렇게 말하였다.

"네 검을 도로 집에 꽂으라. 검을 가진 자는 검으로 망하느니라. 너는 내가 내 아버지께 구하여 지금 열 두 군단이나 더 되는 천사를 보내시게 할 수 없는 줄로 아느냐 내가 만일 그렇게 하면 이런 일이 있으리라 한 성경이 어떻게 이루어지리오"(마 26:52-54)

여기 사용된 단어 군단은 로마의 군대 조직의 한 단위이다. 한 군단에는 6,000명의 군사가 있고 기마병이 700명이 있다. 12군단은 보병 72,000명과 마병 8,400명으로 구성된 엄청난 군사이다. 하늘의 천사의 세계에도 조직이 있다. 예수는 하늘에 있는 천사의 조직을 동원할 수 있는 능력이 있다. 계시록에서는 한 천사가 한 인을 떼고, 한 나팔을 불고, 한 대접을 쏟을 때마다 지상에는 전쟁과 기근과 재난이 일어났다. 예수님은 천사를 사역자로 삼으시고 일하신다.

7. 천사들의 사역

1) 하늘에서는 하나님께 영광 돌리고 하나님을 찬양하고 예배하고 시중들며(계5:11-12) 땅위에서는 주님을 위하여 심부름한다.

① 고넬료의 기도와 구제를 하나님이 기억하고 그 천사를 고넬료에게 보내어 베드로를 초청하여 말씀을 듣도록 하였다.

"가이사랴에 고넬료라 하는 사람이 있으니 이달리야대라 하는 군대의 백부장이라 그가 경건하여 온 집으로 더불어 하나님을 경외하며 백성을 많이 구제하고 하나님께 항상 기도하더니 하루는 제 구시쯤 되어 환상 중에 밝히 보매 하나님의 사자가 들어와 가로되 고넬료야 하니 고넬료가 주목하여 보고 두려워 가로되 주여 무슨 일이나이까 천사가 가로되 네 기도와 구제가 하나님 앞에 상달하여 기억하신바가 되었으니 네가 지금 사람들을 욥바에 보내어 베드로라 하는 시몬을 청하라 저는 피장 시몬의 집에 우거하니 그 집은 해변에 있느니라 하더라 마침 말하던 천사가 떠나매 고넬료가 집안 하인 둘과 종들 가운데 경건한 사람 하나를 불러 이 일을 다 고하고 욥바로 보내니라"(행 10:1-8).

② 옥에 갇혀 있는 베드로를 안전하게 구출하여 냄

"그때에 헤롯왕이 손을 들어 교회 중 몇 사람을 해하려하여 요한의 형제 야고보를 칼로 죽이니 유대인들이 이 일을 기뻐하는 것을 보고 베드로도 잡으려 할 새 때는 무교절 일이라 잡으매 옥에 가두어 군사 넷씩인 네 패에게 맡겨 지키고 유월절 후에 백성 앞에 끌어내고자 하더라. 이에 베드로는 옥에 갇혔고 교회는 그를 위하여 간절히 하나님께 빌더라 헤롯이 잡아내려고 하는 그 전날 밤에 베드로가 두 군사 틈에서 두 쇠사슬에 매여 누워 자는데 파수꾼들이 문 밖에서 옥을 지키더니 홀연히 주의사자가 곁에 서매 옥중에 광채가 조요하며 또 베드로의 옆구리를 쳐 깨워 가로되 급히 일어나라 하니 쇠사슬이 그 손에서 벗어지더라. 천사가 가로되 띠를 띠고 신을 들메라 하거늘 베드로가 그대로 하니 천사가 또 가로되 겉옷을 입고 따라 오라한대 베드로가 나와서 따라갈 새 천사의 하는 것이 참인 줄 알지 못하고 환상을 보는가 하니라 이에 첫째와 둘째 파수를 지나 성으로 통한 쇠문에 이르니 문이 절로 열리는지라 나와 한 거리를 지나매 천사가 곧 떠나더라. 이에 베드로가 정신이 나서 가로되 내가 이제야 참으로 주께서 그의 천사를 보내어 나를 헤롯의 손과 유대 백성의 모든 기대에서 벗어나게 하신 줄 알겠노라"(행 12:1–11).

2) 하나님의 심판을 수행한다.

① 헤롯을 죽임

"헤롯이 영광을 하나님께 돌리지 아니하는 고로 주의 사자가 곧 치니 충이 먹어 죽으니라"(행 12:23).

② 마지막 심판 때 불법을 행하는 자들을 모아 불에 던짐

"인자가 그 천사들을 보내리니 저희가 그 나라에서 모든 넘어지게 하는 것과 또 불법을 행하는 자들을 거두어 내어 풀무 불에 던져 넣으리니 거기서 울며 이를 갊이 있으리라"(마 13:41–42)

3) 주님이 재림하실 때 천사들을 대동한다.

"누구든지 이 음란하고 죄 많은 세대에서 나와 내 말을 부끄러워하면 인자도 아버지의 영광으로 거룩한 천사들과 함께 올 때에 그 사람을 부끄러워하리라"(막 8:38).

4) 주안에서 죽은 자들을 하나님의 나라로 안내한다.

땅위에 현존하고 있는 사람은 사후의 세계에 대한 경험이 없다. 사람이 죽으면 우리의 혼은 육체의 터널을 빠져나간다. 그리고 미지의 세계의 갈림길에서 망설이게 된다. 하나님이 다스리는 천국으로 가는 길과 마귀와 그 사자들이 있는 지옥으로 가는 입구에 서게 된다.

어디로 가야 영생의 길인가?

그 길은 아무도 모른다. 그러나 믿는 자들은 염려할 것 없다. 하나님께서 그 사자들을 보내어 주 예수 계신 곳으로 그 영과 혼을 안내한다. 불신자들을 위하여서도 마귀와 그 사자들이 온다. 그때 그 영과 혼은 불안하고 두렵다.

미련한 소도 도살장에 끌려들어 갈 때는 죽음을 알고 앞발로 버티고 들어가지 않으려고 하며 눈물을 흘리는데 하물며 만물의 영장인 사람의 영이 모를 리 없다. 그래서 그 길을 가지 않으려고 이를 악물고 발을 버티지만, 마귀의 괴력에 아무런 소용이 없다. 마귀와 그 사자들은 그를 데리고 예비 된 유황불이 있는 지옥으로 간다. 믿지 않는 자는 지옥의 권세를 이기지 못하리라.

"이에 그 거지가 죽어 천사들에게 받들려 아브라함의 품에 들어가고 부자도 죽어 장사 되매"(눅 16:32).

천국에 들어 갈 신자는 천사들에게 받들려 천국 아버지의 품안으로 들어가지만 지옥으로 들어가는 혼은 마귀가 받들어 모시고 가는 것이 아니라 끌고 간다. 그 마귀의 괴력을 자기 힘으로 당해 낼 자는 아무도 없다.

Chapter 6

대제사장 예복

Chapter 6
대제사장 예복

- 신부 단장하라 -

"그들의 지을 옷은 이러하니 곧 흉패와 에봇과 겉옷과 반포 속옷과 관과 띠라 그들이 네 형 아론과 그 아들들을 위하여 거룩한 옷을 지어 아론으로 내게 제사장 직분을 행하게 할찌며"(출 28:4).
"그것에 견대 둘을 달아 그 두 끝을 연하게 하고"(출 28:7).
"호마노 두 개를 취하여 그 위에 이스라엘 아들들의 이름을 새기되 그들의 연치대로 여섯 이름을 한 보석에, 나머지 여섯 이름은 다른 보석에 보석을 새기는 자가 인에 새김 같이 너는 이스라엘 아들들의 이름을 그 두 보석에 새겨 금테에 물리고 그 두 보석을 에봇 두 견대에 붙여 이스라엘 아들들의 기념 보석을 삼되 아론이 여호와 앞에서 그들의 이름을 그 두 어깨에 메어서 기념이 되게 할지며"(출 28:9-12).
"이 보석들은 이스라엘 아들들의 이름대로 열둘이라 매 보석에 열두 지파의 한 이름씩 인을 새기는 법으로 새기고"(출 28:21).
"너는 우림과 둠밈을 판결 흉패 안에 넣어 아론으로 여호와 앞에 들어 갈 때에 그 가슴 위에 있게 하라 아론이 여호와 앞에서 이스라엘 자손의 판결을 항상 그 가슴 위에 둘찌니라 너는 에봇 받침 겉옷을 전부 청색으로 하되"(출 28:30-31).

"그 옷 가장자리로 돌아가며 한 금방울, 한 석류, 한 금방울, 한 석류가 있게 하라 아론이 입고 여호와를 섬기러 성소에 들어갈 때와 성소에서 나갈 때에 그 소리가 들릴 것이라 그리하면 그가 죽지 아니하리라 너는 또 정금으로 패를 만들어 인을 새기는 법으로 그 위에 새기되 여호와께 성결이라 하고"(출 28:34-36).

"이 패가 아론의 이마에 있어서 그로 이스라엘 자손의 거룩하게 드리는 성물의 죄건을 담당하게 하라 그 패가 아론의 이마에 늘 있으므로 그 성물을 여호와께서 받으시게 되리라"(출 28:38)

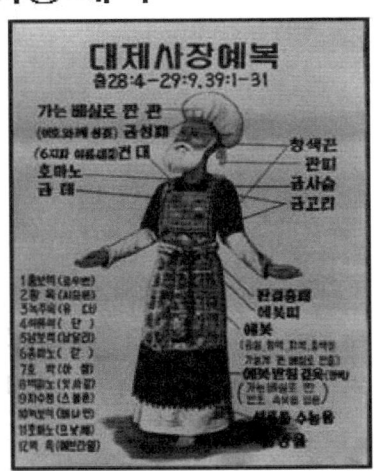

대제사장 예복

1) 반포(속옷)
2) 겉옷(에봇)
3) 관
4) 흉패(12보석)
5) 허리 띠
6) 금방울 석류방울

출애굽기 28장은 대제사장과 일반 제사장이 입을 예복에 대하여 기록하였다. 대제사장의 예복은 6가지로 구분할 수 있다.

1) 머리에는 '여호와께 성결' 이라고 새긴 관을 쓰도록 했다. 관은 왕권을 상징했다.

2) 양쪽 어깨에는 호마노 보석에다 이스라엘 12지파의 이름을 한쪽 어깨에 6지파씩 새겨진 견대를 가졌다. 제사장은 이스라엘의 12지파를 어깨에 메고 있다.

3) 가슴에는 12가지 보석이 있고 그 보석 마다 한 보석에 한 지파의 이름이 새겨져 있다. 이스라엘 12지파를 가슴에 품고 하나님을 만나러 나갔다.

4) 가슴에 우림과 둠밈 판결 흉패가 있어서 하나님의 뜻을 물을 수가 있었다.

5) 허리에는 띠를 두른다.

6) 옷 가장 자리에는 금방울, 석류방울을 달아서 걸어 갈 때 마다 금방울, 석류방울이 부딪히며 아름다운 소리를 내도록 하였다.

대제사장 예복은 천국 혼인 잔치에 참예 할 그리스도의 신부들이 입어야 할 옷이다. 그리고 우리 모두는 왕 같은 제사장적 사명이 있다.

"오직 너희는 택하신 족속이요 왕 같은 제사장들이요"(벧전 2:9).

여섯 부분으로 되어 진 제사장 예복은 크게 셋으로 나눌 수 있다.
첫째는 속옷이고, 둘째는 겉옷이고, 셋째는 대제사장의 직무를 나타내는 옷이다. 대제사장 예복은 성도의 구원과 밀접한 관계가 있다.

첫째 구원의 속옷을 입어야 한다.

우리가 구원 받는 것은 전적으로 하나님의 은혜이다. 구원은 예수 그리스도의 십자가로 구원 받는다. 예수님이 십자가에서 대속의 피를 흘려주신 그 공로를 믿고 죄를 회개하여야 한다. 예수님은 세상에 오신 목적을 죄인을 불러 회개시키려 오셨다고 하였다.

"너희는 가서 내가 긍휼을 원하고 제사를 원치 아니하노라 하신 뜻이 무엇인지 배우라 내가 의인을 부르러 온 것이 아니요 <u>죄인을 부르러 왔노라 하시느니라</u>"(마 9:13).

개역 개정 성경에는 예수는 죄인을 부르러 오셨다 했는데 이 번역은 중대한 부분을 누락시켰다. 이 말씀의 원문 성경은 이렇다.

"오직 너희는 가서 내가 긍휼을 원하고 희생물을 원치 아니 하노라 하신 말씀이 무슨 뜻인지 배우라 나는 의로운 자들을 부르러 오지 아니하고 <u>죄인을 불러 회개하게 하려고 왔노라 하시니라</u>"

예수님은 죄인을 부르러 온 것만 아니고, 죄인을 불러서 회개하게 하려고 왔다. 예수만 믿는 것이 아니라 예수를 믿고 죄를 회개하여야 한다. 이것은 구원의 기본이 되며 구원의 속옷을 입는 것이다. 이것은 예수를 믿고 회개하는 자에게 주시는 하나님의 은혜다.

"이 일 후에 내가 보니 각 나라와 족속과 백성과 방언에서 아무라도 능히 셀 수 없는 큰 무리가 흰 옷을 입고 손에 종려 가지를 들고 보좌 앞과 어린 양 앞에 서서 큰 소리로 외쳐 가로되 '구원하심이 보좌에 앉으신 우리 하나님과 어린양에게 있도다 하니 모든 천사가 보좌와 장로들과 네 생물의 주위에 섰다가 보좌 앞에 엎드려 얼굴을 대고 하나님께 경배하여 가로되 아멘 찬송과 영광과 지혜와 감사와 존귀와 능력과 힘이 우리 하나님께 세세토록 있을지로다 아멘 하더라 장로 중에 하나가 응답하여 내게 이르되 이 흰 옷 입은 자들이 누구며 또 어디서 왔느뇨 내가 가로되 내 주여 당신이 알리이다 하니 그가 나더러 이르되 이는 큰 환난에서 나오는 자들인데 <u>어린 양의 피에 그 옷을 씻어 희게 하였느니라</u>"(계 7:9-14).

어린양의 피에 그 옷을 씻어 희게한 자들이 구원의 속옷을 입은 자들이다.

둘째 의의 겉옷으로 더하여 입어야 한다.

> "내가 여호와로 말미암아 크게 기뻐하며 내 영혼이 나의 하나님으로 말미암아 즐거워하리니 이는 그가(1) <u>구원의 옷</u>을 내게 입히시며(2) <u>공의의 겉옷</u>을 내게 더하심이(3) 신랑이 사모를 쓰며 신부가 자기 보석으로 단장함 같게 하셨음이라"(사 61:10).

구원의 옷 위에 공의의 겉옷을 내게 더하신다는 것은 우리 행위의 옳은 행실이다.

> "우리가 즐거워하고 크게 기뻐하여 그에게 영광을 돌리세 어린양의 혼인 기약이 이르렀고 그 아내가 예비하였으니 그에게 허락하사 빛나고 깨끗한 세마포를 입게 하셨은즉 <u>이 세마포는 성도들의 옳은 행실이로다</u> 하더라"(계 19:7-8).

구원의 속옷을 입고 그 위에 옳은 행실의 세마포 옷을 입은 자들이 어린양의 혼인잔치에 참예 할 수 있다.

신랑 되시는 예수님은 정결한 신부를 찾으러 오신다. 그때 빛나고 깨끗한 세마포 옷을 입고 있어야 한다. 이 세마포 옷은 성도들의 옳은 행실이다. 우리가 예수 그리스도를 믿어도 옳은 행실이 따르지 못하고, "나는 구원 받았다"하고 내 마음대로 산다면 이 사람은 마귀에게 속은 사람이다.

야고보는 "행함이 없는 믿음은 죽은 믿음"이라고 하였다. 죽은 믿음으로는 구원 받을 수 없다. 믿음과 행함은 분리될 수 없는 하나이어야 한다. 많은 성도들이 믿기만 하면 구원 받는다고 생각하고 있다. 성경을 읽지 않고 설교만 들은 사람들이 그런 말을 한다. 성경을 읽는 사람은 그렇지 않다는 것을 깨달을 수 있다.

마태복음 25장에 양과 염소의 비유가 있다.(마 25:31-46)
예수님은 마지막 때 심판주로서 양과 염소를 구분한다고 했다.
오른 편 양들에게 이렇게 말하였다.

"내 아버지께 복 받은 자들이여 나아와 창세로부터 너희를 위하여 예비된 나라를 상속하라"(마 25:34).

왼편의 염소들에게도 말 하였다.

"저주를 받은 자들아 나를 떠나 마귀와 그 사자들을 위하여 예비 된 영영한 불에 들어가라"(마 25:41).

양과 염소로 구분되는 심판의 기준은 선행을 기준으로 한 행위 심판이다. 소자에게 냉수 한 컵 준 것도 결단코 상을 잃지 않는다고 하였다. 소자는 사람들이 하찮게 여기는 사람들이다. 그들은 사람들에게 잊혀진 자들이고 잃어버린 자들이다. 하나님의 눈은 그들 위에 머물러 있다. 그들을 긍휼로 돌보았느냐? 아니면 못 본체 하고 눈을 감았느냐가 심판의 기준이 된다.

> "예수님이 말하는 소자는 잊혀진 사람들이다. 잊혀진 사람들은 낮은 곳에 버려져 있다. 과부는 남편이 버렸으니 잊혀진 사람이다. 고아는 부모가 죽었으니 남겨져서 버려진 사람들이다. 예수님의 마음은 그들에게 있다. 하나님은 자신을 고아와 과부의 아버지라고 하였다."
> (제시카 윤 봉한 샘)

예수님은 지극히 작은 자에게 한 것이 내게 한 것이고 지극히 작은 자에게 하지 않은 것이 내게 하지 않은 것이라고 했다. 지극히 작은 자 하나에게 한 자들은 오른편에 양이다. 또 지극히 작은 자 하나에게 하지 않은 것이 예수님에게 하지 않은 자 이며 그들은 왼편의 염소들이며 마귀와 그 사자들을 위하여 예비 된 영영한 불에 들어 갈 자들이다.

예수는 은혜와 진리로 구원하신다.

> "말씀이 육신이 되어 우리 가운데 거하시매 우리가 그 영광을 보니 아버지의 독생자의 영광이요 은혜와 진리가 충만하더라"(요 1:14).

말씀이 육신을 입고 이 땅에 오신 분이 예수님이시다. 예수에게는 아버지의 독생자의 영광이 있고 은혜와 진리로 충만하다. 예수는 은혜와 진리로 자기 백성을 구원하신다.

구원은 내 공로가 없이 하나님의 은혜로 받는 것이다. 은혜로 구원 받는다는 것은 구원을 위하여 내 편에서는 할 수 있는 것이 아무것도 없고 전적으로 하나님이 값없이 공짜로 주어지는 것이다. 구원은 예수님이 십자가에서 만인을 위한 속죄의 피를 흘려서 다 이뤄 놓았다. 예수님이 이뤄 놓은 구속 사역을 믿음으로 수용하면 되는 것이다. 이것은 은혜이다.

진리는 예수이다.

> "예수께서 이르시되 내가 곧 길이요 진리요 생명이니 나로 말미암지 않고는 아버지께로 올 자가 없느니라"(요 14:6).

사도 요한은 말씀이 육신을 입고 오신 분이 예수 그리스도라고 했다. 말씀은 곧 진리다. 진리이신 예수님이 이렇게 말씀 했다.

> "진실로 너희에게 이르노니 천지가 없어지기 전에는 율법의 일점일획이라도 반드시 없어지지 아니하고 다 이루리라"(마 5:18)

하나님의 말씀은 변함없는 진리인데 글자의 한 도 없어지지 아니하고 다 이뤄진다. 그러므로 은혜로 구원 받은 백성은 진리로 삶을 살아내야 한다.

옷감을 짜는 직조기를 보면 날실이 있고 씨실이 있다. 날실에 씨실이 왔다 갔다 하면서 옷감이 만들어진다. 날실은 하나님의 말씀과 같고 씨실은 우리의 행위와 같다. 은혜로 구원 받았다고 말씀을 행치 않고 방자하게 사는 자는 결코 천국에 들어 갈 수 없다.

"은혜는 사람에게 나가는 것이 없는 공짜의 가격표이니 찾는 사람들이 많고 진리는 사람들에게서 나가는 것이 있는 비싼 가격표이니 찾는 사람들이 적다. 은혜는 이미 십자가에서 너희 죄 값을 다 치룬 것을 믿기만 하면 되는 것이기에 사람이 더 이상 대가를 치를 것이 없는 공짜라는 말이다. 그러나 진리의 말씀대로 성결한 삶을 산다는 것은 사람이 각자의 선택의 행위로 대가를 치러야 되는 것이다. 생활 속에서 시간, 노력, 땀, 물질 등의 값으로 치러야 되는 많은 희생을 요구한다. 이것은 나에 대한 깊은 사랑과 순종심 그리고 이웃에 대한 겸손과 배려심이 없이는 절대로 할 수가 없다." (제시카 윤. 덮은 우물)

오늘 날 많은 목사님들이 믿음으로 구원 받는다는 것은 잘 가르치고 있다. 그러나 행함을 강조하면 이단시 하는 경향이 있다. 믿음으로 구원 받은 백성은 진리에 순종하는 삶을 통하여 온전하여 지는 것이다.

"나의 사랑하는 자들아… 항상 복종하여 두렵고 떨림으로 너희 구원을 이루라"(빌 2:12).

"좁은 문으로 들어가라 멸망으로 인도하는 문은 크고 그 길이 넓어 그리로 들어가는 자가 많고 생명으로 인도하는 문은 좁고 길이 협착하여 찾는 이가 적음이니라"(마 7:13-14).

좁은 길에는 대가를 치러야 한다. 그러므로 은혜로 구원 받은 사람은 반드시 옳은 행실로 입는 의의 겉옷으로 더하여 입어야 한다. 그것이 좁은 길로 가는 것이다. 이 좁은 길 끝에 천국이 있다. 진리를 행하려면 희생이 따른다. 희생하며 사는 삶은 많은 사람들이 찾지 않는 좁은 길이다. 좁은 길은 두 사람이 비켜갈 수 없는 길이다. 혼자만이 걸을 수 있는 외길이다. 오직 예수 그리스도가 그 마음에 들어와서 예수 그리스도와 동행하는 사람만이 걸어 갈 수 있는 길이다. 예수 그리스도 외에 다른 것을 품으면 좁은 길을 걸을 수가 없다. 사람들은 은혜로 구원 받았다고 좋아한다. 은혜는 내가 지불하는 것 없이 공짜이니까 찾는 사람들이 많다. 그러나 진리는 희생이라는 가격을 지불하여야 하니 찾는 사람들이 적다.

오늘날 교회는 은혜의 복음, 공짜로 구원받는 것은 잘 가르치고 있다. 그런데 진리는 말씀에 순종과 행함인데 이것을 소홀히 하고 행치 않고 있다. 그것이 주님의 마음을 아프게 한다. 원수에게 속아서 반쪽짜리 믿음으로 구원을 받겠다는 사람들을 보고 성령님은 외치고 있다.

염소 같은 백성들아!
말씀에 순종하는 양이 되라!
누더기 같은 옷을 걸친 백성들아!
옳은 행실로 입는 의의 흰옷을 입으라.
등에 기름이 없는 신부들아!
네가 가진 등에 기름을 준비하라.
빛을 발하지 못하는 백성들아!
네 등에 빛을 밝히라.

구원의 속옷은 주님이 입혀주시는 옷이다. 그 위에 입는 옳은 행실의 겉옷은 성령의 도움을 받아 내가 입어야 한다. 그러므로 선을 행할 수 있는 기회가 왔을 때 그 기회를 놓치지 말아야 한다. 더 적극적으로 선을 행하여야 한다.

"사람이 선을 알고도 행치 않으면 죄니라"(약 4:17).

이탈리아 토리노 박물관에 이런 조각상이 있다. 앞머리는 무성하고 뒷머리는 대머리이고 발에는 날개가 달렸고 손에는 저울과 칼을 들고 있는 조각상이다. 조각상 밑에 이 조각상의 의미를 설명한 글이 있다.

"앞머리가 무성함은 내가 누구인지 금방 알아차리지 못하게 하고, 앞머리가 무성하니 나를 발견하였을 적에는 쉽게 붙잡을 수 있도록 하게 위함이고, 뒷머리가 대머리인 이유는 내가 지나가고 나면 다시는 나를 붙잡지 못하게 하기 위함이고, 발에 날개가 달린 것은 최대한 빨리 사라지기 위함이다. 손에 저울을 들고 있는 이유는 기회가 앞에 있을 때 저울을 꺼내 빨리 판단하라는 이유이고, 날카로운 칼을 들고 있는 이유는 칼같이 결단하라는 이유이다. 나의 이름은 기회(opportunity)이다."

옳은 행실의 옷을 입고 바른 신앙생활을 하기 위하여서는 선행의 기회를 놓치지 말고 붙잡아야 한다. 우물쭈물 하다가는 선행의 기회를 놓친다. 많은 성도들이 예수는 믿는데 선행을 한 번도 하지 못하는 분이 많다. 선행의 기회가 왔을 때 빨리 판단하여야 한다. 그리고 칼날같이 매섭게 결단하여야 한다. 마귀와 그 사자들을 위하여 예비 된 영원한 불에 들어 간 자들은 기회를 놓친 자들이다.
구원의 속옷 위에 옳은 행실의 의의 세마포 옷을 입어야 한다.

세 번째 입을 옷은 머리에 사모를 쓰고 가슴에 열두 가지 보석으로 장식된 신부 단장한 옷이다.

대제사장의 옷은 여섯 가지로 되어 있으나 크게 세 가지로 분류할 수 있다고 언급하였다.

첫째, 속옷-예수의 피로 구속 받은 거룩한 옷

둘째, 겉옷-옳은 행실의 의의 옷

셋째, 신부 단장한 옷이다. 하나님의 전신갑주를 취한 옷이다.

"내가 여호와로 인하여 크게 기뻐하며 내 영혼이 나의 하나님으로 인하여 즐거워하리니 이는 그가 1) <u>구원의 옷으로 내게 입히시며</u> 2) <u>의의 겉옷으로 내게 더하심이</u> 3) <u>신랑이 사모를 쓰며 신부가 자기 보물로 단장함 같게</u> 하셨음이라"(사 61:10).

"아론의 제사장 모형은 장차 올 영원한 천국 신부들의 모형이니라. 나는 어제나 오늘이나 영원토록 동일하다"(제시카 윤. 덮은 우물)

하나님은 구속 받은 모든 성도들이 신부 단장하기를 원하고. 그리스도의 정병이 되기를 원한다. 신부 단장한 옷을 신약에서는 하나님의 전신갑주로 설명했다. 그리스도의 신부된 자들에게는 신부 단장이라는 말이 잘 어울린다. 잔치에 입장할 예복을 갖추어 입어야만 신부의 모양새가 갖추어진다.

　바울 사도는 신부 단장한 옷을 하나님의 전신갑주로 설명하였다. 우리의 싸움의 대상인 마귀와의 싸움에서 이기기 위해서는 하나님의 전신갑주를 입어야 한다.

　　　"종말로 너희가 주안에서와 그 힘의 능력으로 강건하여지고 마귀의 궤계를 능히 대적하기 위하여 하나님의 전신 갑주를 입으라. 우리의 씨름은 혈과 육에 대한 것이 아니요 정사와 권세와 이 어두움의 세상 주관자들과 하늘에 있는 악의 영들에게 대함이라. 그러므로 하나님의 전신 갑주를 취하라 이는 악한 날에 너희가 능히 대적하고 모든 일을 행한 후에 서기 위함이라. 그런즉 서서 진리로 너희 허리띠를 띠고 의의 흉배를 붙이고 평안의 복음의 예비한 것으로 신을 신고 모든 것 위에 믿음의 방패를 가지고 이로써 능히 악한 자의 모든 화전을 소멸하고 구원의 투구와 성령의 검 곧 하나님의 말씀을 가지라"(엡 6:10-17).

　하나님의 전신갑주가 대제사장의 예복에 다 나타나 있다. 우리의 싸움은 하늘에 있는 악한 영들과의 싸움이다. 하늘에 있는 악한 영들은 공중권세 잡은 자이다. 여기 하늘은 둘째 하늘이다.
　첫째 하늘은 하나님이 인간에게 허락해 주신 이 땅이다.
　둘째 하늘은 영들의 세계다. 육체를 가지고 있는 사람은 영들의 세계에서 공중 권세 잡은 자 마귀를 이길 수 없다. 우리의 싸움은 공중

권세 잡은 자 마귀와의 싸움인데 내 힘으로는 마귀를 이길 수 없다. 하나님의 전신갑주를 입기 전에는 원수의 영을 대적할 수 없다. 그러므로 하나님의 전신갑주를 입어야 한다. 전신갑주를 입으면 예수 이름으로 마귀를 이길 수 있다.

  1) 진리로 허리띠를 띠라.
  2) 의의 흉배를 붙이라.
  3) 평안의 복음의 신을 신어라.
  4) 믿음의 방패를 가지라.
  5) 구원의 투구를 쓰라.
  6) 성령의 검 하나님의 말씀을 가지라.

하나님의 전신갑주를 입기 위해서는 여섯 가지로 무장을 하여야 한다.

제사장 의복도 여섯 부분으로 되어 있다.

1) 구원의 투구를 쓰라.

제사장의 예복의 모자에는 '여호와께 성결' 이라고 새겨져 있다.

성결한 삶을 살라는 것이다.

"내가 거룩하니 너희도 거룩하라."

"거룩함을 쫓으라 이것이 없이는 아무도 주를 보지 못하느니라."(히 12:4)

"거룩한 삶은 하나님이 사용하시는 사람들의 기준이다."(홍성건)

성결한 삶은 예수의 피 권세이다. 예수의 피로서 날마다 죄를 씻어 내야 한다. 우리는 예수 보혈의 공로로 구원 받는다. 보혈이 나의 이마에 인이 되고 투구가 되어야 한다.
환난의 때에는 '이마에 인침을 받지 아니한 자만 해하라 하더라.'(계 9:4)
이마에 예수의 피로 인침 받은 백성에게는 마귀가 피를 보고 도망간다. 유월절 어린 양의 피를 보고 죽음의 사자가 건너뛰었다.

2) 진리로 허리띠를 띠라.

진리는 예수다. 예수가 나의 힘이다. 우리의 삶은 오직 예수에 올인하여야 한다.

살아도 예수 죽어도 예수, 예수에 살고 예수에 죽어야 한다.

> "내가 그리스도와 함께 십자가에 못 박혔나니 그런즉 이제는 내가 산 것이 아니요 오직 내 안에 그리스도께서 사신 것이라 이제 내가 육체 가운데 사는 것은 나를 사랑하사 나를 위하여 자기 몸을 버리신 하나님의 아들을 믿는 믿음 안에서 사는 것이라."(갈 2:20).

> "살든지 죽든지 내 몸에서 그리스도가 존귀히 되게 하려 하나니"(빌 1:20).

3) 믿음의 방패를 가져라.

사단은 기회만 되면 공격한다. 사탄의 공격을 막을 수 있는 것이 방패다.

> "근신하라 깨어라 너희 대적 마귀가 우는 사자같이 두루 다니며 삼킬 자를 찾나니 너희는 믿음을 굳게 하여 저를 대적하라"(벧전 5:8-9).

사탄은 예수의 이름으로 대적하여야 한다. 사탄은 믿음으로 대적하면 떠난다. 그러나 '믿음은 모든 사람의 것이 아니다.'(살후 3:2)
믿음은 하나님이 주시는 선물이다. 그러므로 믿음을 구하여야 한다.

4) 의의 흉배를 붙이라.

사람마다 각자는 자기 '의'가 있다. 그 '의'로 옳은 일을 하고자 한다. 그 '의'는 사람마다 다르다. 그런데 중요한 것은 그 '의'가 나를 나타내기를 좋아하는 '의'인지, 예수님만을 들어내기를 원하는 '의'인지를 구별해야 한다. 이 세상 사람이 알아주는 세상에서의 자기 '의'는 하나님 앞에서는 누더기와 같다. 자기 '의'는 하나님 앞에서 걸레와 같으며 아무 소용이 없다. 나는 없어지고 하나님만이 알고 하나님이 인정하는 그 '의'가 있어야 한다. 그 '의' 앞에는 사탄도 두려워하는 것이다. 그러나 오늘 날 교회 안에는 사람의 영광을 취하고 자기 '의'를 들어내는 자들로 가득하다. 주님의 일을 하면서 나를 들어내기를 좋아하고 내가 인정받기를 좋아한다면 그들은 다 변질 된 자들이다.

"여호와여 영광을 우리에게 돌리지 마옵소서. 우리에게 돌리지 마옵소서. 오직 주는 인자하시고 진실하므로 주의 이름에만 영광을 돌리소서"(시 115:1).

5) 성령의 검을 가져라.

"하나님의 말씀은 살았고 운동력이 있어 좌우에 날선 어떤 검보다도 예리하여 혼과 영과 및 관절과 골수를 찔러 쪼개기까지 하며 또 마음의 생각과 뜻을 감찰하나니"(히 4:12).

성령의 검은 곧 하나님의 말씀이다. 말씀이 있어야만 원수를 공격하는 것이 가능하여 진다. 말씀을 읽고 묵상하고 그 말씀을 행하면 그것이 무기가 된다. 말씀을 삶으로 행하는 것이 내 몸 안에 녹아 있어야 한다.

내가 하나님의 말씀을 실천할수록 그 검이 내 몸의 일부분처럼 되어 자유자재로 검을 다룰 수 있는 것이다. 예수님은 그리스도의 군사된 자들에게 소원을 가지고 있다. 그 소원은 모든 그리스도인들이 검을 사용할 줄 아는 그리스도의 전사가 되는 것이다. 그런데 어떤 사람은 검을 가졌는데 검이 녹슬었다. 어떤 사람은 검은 있는데 무딘 검을 가졌다. 사탄은 검이 녹슬어 있는 자와 무디어져 있는 검을 가진 자를 무서워하지 않는다. 좌우에 날선 검을 지녀야 한다.

6) 평안의 복음의 예비한 것으로 신을 신으라.

성령이 주시는 하늘의 평안으로 전도하는 것이다. 제사장의 옷 끝에는 금방울, 석류방울이 달려 있어서 걸을 때 마다 아름다운 소리가 났다. 전도자에게는 항상 영과 혼을 살리는 아름다운 생명의 소리가 나는 것이다.

이 세상에는 우리를 현혹하는 것이 많다. 그러나 그리스도의 정병은 세상에 대하여 눈을 감어야 한다. 이 세상에서 단 한 가지 이외에는 볼 것이 없다. 그 한 가지는 구원 받아야 할 생명이다. 사람의 생명은 온 천하보다 귀하다. 모든 것을 잃었어도 사람의 생명을 구했다면 마땅히 해야 할 일을 한 것이다. 가치 있는 것을 가치 있게 여기고 가치 없는 것을 주저치 말고 버려라. 그리하면 산다.

Chapter 7

하나님과의 만남

Chapter 7
하나님과의 만남

"거기서 내가 너와 만나고 속죄소 위 곧 증거궤 위에 있는 두 그룹 사이에서 내가 이스라엘 자손을 위하여 네게 명할 모든 일을 네게 이르리라"(출 25:22).

하나님은 자기 백성을 만나주시기를 원한다. 하나님의 영이신 성령은 지금도 꿈과 환상으로도 깨우치시고 영음으로 말씀하신다. 그러나 어떤 교단에서는 방언과 기사와 이적은 초대교회로 다 마감되었다고 하며, 초자연적인 성령의 역사를 부정하고 있다. 이와 같은 성령불감증 신학을 버려야 한다. 성령의 역사는 우리가 천국 들어가는 그날까지 임재하고 역사하신다.

하나님과 만남의 장소가 지성소이다. 하나님은 우리 마음의 지성소에 찾아오신다. 그리고 권면하시고, 책망하시고, 위로하시고, 때로는 감당하기 어려운 말씀을 하시며 장래 일어 날 일을 알려주신다.

우주에 충만하신 하나님이 6평 밖에 되지 않는 작은 지성소를 만들고 그 안에 하나님의 보좌를 두게 하셨다. 내 마음의 지성소는 너무 작은 심장의 방이다. 하나님은 그 가운데 오시기를 원한다.

예수 그리스도는 성막의 문이 되신다. 문은 하나뿐이며 다른 문은 없다. 구원은 예수 그리스도에 대한 바른 신앙고백과 함께 예수 그리스도에 올인 하는 삶이다. '살아도 예수에 살고, 죽어도 예수에 사는' 그 사람이 성막의 문으로 들어 온 자이며 하나님을 만날 수 있다.

번제단에서 예수 그리스도의 십자가의 구속을 체험하여야 한다. 십자가는 죽음의 경험이다. 사도 바울은 "너희 몸을 하나님이 기뻐하시는 거룩한 산 제물로 드리라"(롬 12:1)고 하였다. 산 제물은 죽은 제물에 대한 역설적 진리이다. 나 자신은 하나님께 드려진 제물이 되어야 한다. 제물이 되려면 죽어야 한다. 살아있으면 동물이고, 죽으면 제물이 된다. 아직도 우리에게는 살아 있는 것이 너무 많다. 혈기가 살아 있고 자존심과 음심과 세상 욕망이 시퍼렇게 살아 있다. 이런 것들이 십자가에서 그리스도와 함께 못 박혀 죽어야 한다. 내게 주어진 십자가를 지고, 내가 제물이 되면 하나님은 나를 받으시고 만나 주신다.

물두멍에서 거듭남 이후의 죄를 처리하여야 한다. 한 번 거듭났다고 영원한 구원이 아니다. 날마다 죄를 처리하지 못하는 자는 하나님을 만날 수 없다.

사람의 마음 안에서 견고한 진이 되어버린 잘못된 구원론이 있다. 한번 거듭나면 무슨 죄를 지어도 마지막에는 다 구원 받아 천국으로 간다는 잘못된 구원론 때문에 많은 사람을 지옥으로 떨어지게 하고 있다. 이러한 구원론은 사탄의 올무에 걸린 자들이 만든 구원론이다.

"누구든지 내게 범죄 하면 그는 내가 내 책에서 지워버리리라"(출 32:33).

성경은 "범죄한 혼(영혼)은 죽으리라"고 말씀했음에도 사람들은 그것은 구약이라고 하면서 신약과 구약을 갈라놓는다. 사람의 지식으로 만들어 놓은 구원론을 성경보다 앞세우고 있는 견고한 진(사탄이 구축한)이 되어버린 잘못된 신앙을 깨버리고 날마다 회개하는 삶을 살아야 한다. 그 사람이 예수 그리스도를 만날 수 있다.

다음 성소는 천국에 들어가는 성도들의 이 땅에서의 삶이다. 그것은 하나님의 말씀과 더불어 기도에 살고 성령과 동행하는 삶이다.

> "나는 나를 가까이 하는 자 중에서 내 거룩함을 나타내겠고 온 백성 앞에서 내 영광을 나타내리라"(레 10:3).

하나님과 가까이 하는 백성은 마음을 쏟는 기도로 깨어 있어야 하고, 말씀과 함께 선행과 구제를 삶으로 실천하며 거룩한 사명에 사는 사람들이다. 그들에게 하나님의 영광을 나타내신다.

날마다 기도의 향로를 채우며 성령과 동행하며 좁은 길을 걸어야 한다. 그러한 삶이 거룩과 경건한 삶이다. 그리고 마음에 지성소가 이뤄지면 하나님을 만날 수 있다.

그 어간에 사탄의 시험이 있다는 것을 기억하여야 한다. 늘 말씀과 기도로 깨어 있는 사람은 사탄의 시험을 분별하고 이길 수 있다. 사탄은 자기를 광명의 천사로 가장하기도 한다. 사탄에게 속는 사람은 진리가 분명하지 못하거나 교만하여서 사탄에게 노출된 사람들이다. 많은 사역자들이 사탄에게 속아서 사역하면서도 그것이 성령의 역사라고 스스로 속고 있는 사역자들이 많다.

예수는 나의 삶의 전부이다. 과거가 괴롭고 현재가 힘들고 미래가 불안한 까닭은 내 인생이 해석되어지지 않아서 그렇다. 인생의 해석자는 예수다. 예수님과의 만남은 내 인생의 해석이 된다. 예수를 만나면 내가 왜 살아야 하는지. 그리고 어떻게 살아야 하는지 삶이 해석되어지고 삶의 의미가 부여되어 진다. 하나님은 그 사람을 하나님 나라의 중심으로 끌어들이고 하나님 나라를 세워가기를 원하신다.

하나님과 우리의 관계는 어떤 관계인가?

성경은 우리와 하나님과의 관계를 여러 관계로 설명했다.

1) 하나님과 우리의 관계는 창조주 하나님과 피조물인 인생이다.

사람은 흙에서 지어진 존재이며 먼지에 불과하다. 하나님이 사람을 흙에서 창조하고 그 이름을 '아담'이라고 지었다. '아담아' 그 이름의 뜻은 흙아, 먼지야, 그런 뜻이다. 너의 존재의 근본을 알라는 것이다.

2) 하나님과 우리의 관계는 아버지와 아들의 관계이다.

하나님이 사람을 창조하시되 하나님의 형상으로 창조하였다. 사람에게는 하나님의 형상이 있기에 만물을 정복하고 다스리라는 명령을 받았으며 아버지의 아들이라고 부른다. 타락 이전의 아담은 오실 예수 그리스도의 표상이며 완전하였다.

아들이기 때문에 하나님은 성령을 우리 마음 가운데 보내서서 '나의 아버지' 라고 부르게 하셨다.(현대인의 성경 갈 4:6) 또 예수님이 친히 제자들에게 가르치기를 너희 아버지라고 했다. 하나님과 우리의 관계는 아버지와 아들의 관계이다.

우리가 하나님의 자녀라면 하나님의 상속자가 된다.(롬 8:17)
아버지는 그 나라를 자녀에게 상속시키시기를 원하신다.

3) 하나님과 우리의 관계는 하나님은 왕이시고 우리는 그의 백성이다.

하나님은 나의 왕, 나의 하나님이 되신다.
왕이신 하나님이 나를 다스리고, 나는 그의 나라의 백성이다.

4) 하나님과 우리의 관계는 주인과 종의 관계다.

하나님은 나의 주인님이시다. 내가 가진 모든 것은 주인 되시는 주님의 것이다. 내 영과 혼의 주인이 하나님이시고 목숨도 주인 되시는 하나님의 손에 있다. 우리는 그 분의 종이다. 종들 중에는 착하고 충성 된 종이 있고 악하고 게으른 종이 있다. 충성 된 종은 주인의 즐거움에 참여할 수 있고 상급을 받지만 악하고 게으른 종은 바깥 어두운 곳으로 쫓겨난다.

5) 하나님과 우리의 관계는 주님은 신랑이 되시고 우리는 그의 신부라고 했다.

> "여호와의 말씀이니라 배역한 자식들아 돌아오라 나는 너희 남편임이라. 내가 너희를 성읍에서 하나와 족속 중에서 둘을 택하여 너희를 시온으로 데려오겠고"(렘 3:14).

하나님은 우리의 남편이 되시며 우리는 신부이다. 신부는 오직 신랑 되시는 예수만 사랑하고 등에 기름 준비하고 신부 단장한 예복을 입고 신랑 되신 예수를 기다려야 한다.

아가서는 신랑 되시는 예수님과 신부되시는 성도(술람미 여인)와 사랑의 노래이다. 신랑과 신부는 친밀함이 있고 연합이고 한 몸이다.

하나님은 빛이시고 하나님은 영화로우시다. 그러므로 어떤 피조물도 창조주 하나님 앞에서는 머리를 들 수 없다. 다니엘도, 욥도, 사도 요한도 하나님을 만나고 그 앞에서 죽은 자 같이 되었다고 했다. 그럼에도 예수님은 당신의 피 값으로 산 신부를 찾아오신다. 그 신부를 얼마나 보고 싶어 하는지! 신랑 되시는 예수님은 신부가 부르는 노래와 신부가 요구하는 기도와 신부의 사랑한다는 고백의 언어를 듣고 싶어

하신다.

"바위 틈 낭떠러지 은밀한 속에 있는 나의 비둘기야, 나로 네 얼굴을 보게 하라. 네 소리를 듣게 하라 네 소리는 부드럽고 네 얼굴은 아름답구나"(아가 2:14).

"너는 나를 인 같이 마음에 품고 도장 같이 팔에 두라. 사랑은 죽음 같이 강하고 투기는 음부같이 잔혹하며 불같이 일어나니 그 기세가 여호와의 불과 같으니라"(아가 8:6).

6) 하나님은 우리를 친구라고도 부른다.

"사람이 친구를 위하여 자기 목숨을 버리면 이에서 더 큰 사랑이 없나니 너희가 나의 명하는 대로 행하면 곧 나의 친구니라"(요 15:13-14).

"이제 부터는 너희를 종이라 하지 아니하리니 종은 주인의 하는 것을 알지 못함이라. 너희를 친구라 하였노니, 내가 내 아버지께 들은 것을 다 너희에게 알게 하였음이라."

하나님과 우리의 관계는 친구와의 관계다. 사람이 어떻게 하나님과 친구가 될 수 있는가? 하나님은 아브라함을 나의 벗 아브라함이라고 불렀다. 하나님이 모세에게는 사람이 친구에게 이야기하듯 이야기 하였다.

 * 하나님과 우리 관계는 아버지와 아들의 관계가 되기에,
아버지! 하고 부르면 하나님은 창조주 아버지요 나는 아버지의 아들이다.

 * 만군의 주 하나님! 하고 부르면 예수는 왕 이시요 나는 그 나라의 백성이 된다.
예수는 내 안에 오셔서 왕으로 통치하시기를 원하신다.

 * 주님! 하고 부르면 예수님은 나의 주인님이시고 나는 그 분의 종이다. 종의 생명은 주인의 것이다. 종 된 우리는 죽도록 충성하는 것이다

하나님의 자녀가 되어서 그 나라를 상속 받는다. 그 분이 나를 다스리고 통치하는 왕이 되고 나는 그 분이 다스리는 왕국의 거룩한 백성이 된다. 그 분은 나의 주인님이 되시어서 나를 책임지시고, 나는 그 분의 충성된 종이다. 그 분은 내가 연모하는 신랑이 되신다. 혼인 잔치가 있는 그 날에, 나는 거룩한 예복을 입고 화관모를 쓰고 손에 등불 들고 신랑을 기다리는 신부이다. 하나님은 나의 친구가 되시어서

온갖 신령한 비밀을 알려 주신다. 이 모든 관계는 하나님과의 친밀함이다. 아버지의 아들이든, 주님의 종이든, 그리스도의 신부이든, 하나님의 친구가 되던, 그 나라의 백성이 되던, 그 모든 관계는 한 마디로 표현하면 하나님과의 친밀함이다. 하나님과 깊은 친밀함이 있을 때 하나님은 자신을 나타나시고 보여주시고 말씀하신다. 그런가 하면 말씀에 불순종하거나 악한 자들을 향하여서는 그 분의 진노한 음성으로 책망하신다. 패역한 백성, 목이 곧은 백성, 어둠의 자식, 멸망의 족속, 그렇게 불렀다면 곧 심판이 따를 것이다. 그렇다면 사는 길은 회개 밖에 없다.

하나님의 음성듣기

"하나님의 응답은 머리를 통해서 오는 것이 아니다. 하나님의 음성 듣는 것은 심령으로 온다. 하나님의 음성이 심령에 들리고 느껴진다. 그러므로 뇌에 생각이 많고 논리적인 사람들이 하나님의 임재와 음성을 잘 체험하지 못한다. 사람들이 생각을 많이 하고 뇌가 활동을 많이 할 때 심령은 활동하지 않는다. 뇌가 잠잠해 지면 심령은 활동하게 된다."(정원 부르짖는 기도2)

사람이 어떻게 하나님을 만나고 하나님과 이야기를 할까?

성경은 하나님을 만나고 하나님과 대화를 나누었던 사람들의 기록이다. 우리가 하나님의 음성을 바로 들을 수만 있다면, 개인의 문제이든, 가정의 문제이든, 교회의 문제이든, 국가의 문제이든, 문제에는 해결이 있다. 그리고 하나님의 영광이 나타난다.

하나님의 음성을 듣는 사람들은 눈물 골짜기를 넘어가는 사람들이다. 무너져 내리는 것 같은 절망의 상황에서도 하나님의 음성을 듣는 사람은 일어설 수 있고 승리할 수 있다.

"여호와의 친밀하심이 그를 경외하는 자들에게 있음이여 그의 언약을 그들에게 보이시리로다"(시25:14).

사람의 마음은 생각의 영역이다. 내가 무엇을 보고 무엇을 듣는가에 따라 그 반영이 마음과 생각과 감정과 언어를 지배한다. 그러므로 오직 말씀에 전념하며 기도로 마음을 하나님께 쏟아 놓으면서 하나님 경외하는 삶을 살 때 하나님과 친밀함이 나타난다.

"세상 돌아가는 뉴스를 많이 안다고 해서 행복한 것이 아니다. 하나님의 음성을 들어야 한다. 정보가 우리를 안심시켜 주지 못한다. 하나

님을 만나야 비로소 마음이 든든하다."(한홍 왕들의 이야기2)

행복은 환경에서 오는 것이 아니라 하나님의 임재에서 온다.

하나님께서 우리에게 말씀하시는 방법은 다양하다.

1) 기도를 하면 평강을 동반한 확신이 있다.

문제를 놓고 날마다 기도를 하다가 보면 어느 날 확신이 오면서 마음에 평강이 임한다. 하늘로부터 오는 평강은 세상이 줄 수 없고 세상이 뺏어 갈 수 없는 평안이다. 평안이 있다는 것은 응답이고 하나님의 임재이다. 불안하고 의심이 생겼다면 응답이 아니다. 마귀는 불안하게 하는 의심의 영이다.

2) 하나님은 꿈으로도 깨우치신다.

사람은 누구나 꿈을 꾼다. 그런데 꿈 중에는 그야말로 개꿈도 있다. 또 때로는 마귀가 주는 시험의 꿈도 있다. 이런 것은 분별하여야 한다. 그러나 하나님이 꿈을 통하여 깨우치시는 훈몽이나, 되어 질 일을 알려 주시는 계시적인 꿈도 있다.

하나님은 요셉에게 꿈을 주어서 장차 애굽의 총리가 될 것을 예표했다. 그 꿈은 요셉을 향한 하나님의 비전 이였다. 또 하나님은 애굽의 바로 왕에게 꿈을 꾸게 하고 요셉으로 하여금 그 꿈을 해몽하게 하여서 장차 올 7년 흉년에서의 국가의 재난을 대비하게 하였다.

하나님은 바벨론 제국의 느브갓네살 왕에게 역사의 흥망에 대하여 꿈을 꾸게 하였다. 그리고 다니엘이 그 꿈을 해몽하였고 장차 이루어질 세계 역사를 보여주었다.

믿음생활에서 꿈에 의존적인 신앙은 잘못이지만 하나님은 꿈으로도 깨우쳐 주신다. 영적이면서도 꿈에 불길한 꿈을 꾸었다면 그 꿈대로 이뤄진다는 의미가 아니다. 마귀의 시험을 미리 알려주는 하나님의 깨우침으로 알고 기도하면서 예수 그리스도의 피 뿌림으로 자신을 정결하게 하고 시험에 들지 않도록 기도하면 넉넉히 마귀의 시험을 이길 수 있다.

3) 환상을 보여주기도 한다.

환상은 꿈보다 더 확실하다. 꿈은 시간이 지나면서 희미해지나 환상은 잊히지 않는다. 성령은 어떤 사람의 영적인 상태를 환상으로 보여주기도 한다. 꿈이나 환상에서 보이는 사물은 상징이기 때문에 성경적 해석이 필요하다.

예를 들면 뱀은 사탄의 시험이나 거짓말을 상징하고, 기둥이나 나무는 능력 있는 인재, 가시는 질병, 배설물은 시험이 되는 구설수, 소는 충성스런 종, 말은 전쟁이나 분쟁, 양은 하나님의 백성, 물고기는 성도, 노란색은 음란, 2는 증인의 수, 4는 고난의 수, 7은 완전수, 8은 시작의 수, 10은 충만의 수, 바다는 세상, 맑은 물은 은혜와 생명 등이다.

바울이 아시아에 복음을 전하기로 계획하고 아시아 방향으로 가려고 하는데 환상 중에 마게도니아 사람이 나타나서 손짓하며 이리로 와서 우리를 도우라는 환상을 보았다. 바울은 이런 환상을 보고 그것이 하나님의 뜻으로 알고 전도의 방향을 수정하여 마게도니아 지역으로 가기 위하여 빌립보에 이르렀고 그 결과 유럽이 아시아 보다 먼저 복음화 되었다.

4) 성경 말씀이나 찬송으로 응답한다.

기도 중에 성경 몇 장 몇 절 분명히 들리기도 하고 글씨를 써서 보여주기도 한다. 그 성경을 찾아보면 응답의 말씀이다. 때로는 찬송이 나온다. 그 찬송의 가사 내용이 응답이 된다.

5) 영음이 있다. 분명한 소리로 듣는다.

때로는 하나님이 말씀하시는 영음을 듣기도 한다. 하나님의 음성은 세미한 음성 같지만 분명하고, 조용한 것 같지만 천둥 벼락 치는 전율로 임재 하신다. 사도 바울은 다메섹으로 가는 도중에서 부활하신 예수를 만나고 빛 가운데서 말씀하시는 예수님의 음성을 듣고 회심하였다.

다윗은 뽕나무 위를 걸으시는 하나님의 발자국 소리를 들을 수 있는 영성이 있었다. 마음으로 느낀 것이 아니다. 다윗은 블레셋과의 전쟁을 하기 전에 먼저 하나님께 물었다.

"하나님, 내가 블레셋 사람에게 올라가리까? 그들을 내 손에 넘기시겠나이까?"

하나님은 다윗에게 말씀하셨다.

> "올라가지 말고 저희 뒤로 돌아서 뽕나무 수풀 맞은편에서 저희를 엄습하되 뽕나무 꼭대기에서 걸음 걷는 소리가 들리거든 곧 동작하라 그 때에 여호와가 네 앞서 나아가서 블레셋 군대를 치리라"(삼하 5:23-24).

전쟁에 출전하는 다윗은 먼저 하나님께 물었고
하나님은 다윗에게 말씀했다.
하나님이 뽕나무 위로 걸으셨고
다윗은 뽕나무 위로 걸으시는 하나님의 발자국 소리를 들었다.
하나님의 발자국 소리를 듣는 다윗은 말씀에 순종하여 진격했고 하나님이 홍수처럼 밀고 나갔다.
누가 이러한 하나님을 당해 낼 수 있겠는가?
'하나님은 군대의 사령관'이시다.

하나님의 음성을 듣고 행동하는 자와
그렇지 못한 자의 삶은 하늘과 땅의 차이이다.
다윗에게 말씀하신 하나님은 지금도 말씀하신다.

하나님은 뽕 나무 위만 걸으시는가?
하나님은 물 위에도 걸으신다.

바람과 파도를 몰고서 도망가는 요나를 추격하였고,
지금도 우주를 운행하고 계신다.

다윗에게는 뽕나무 위를 걸으시는 하나님의 발자국 소리를 들을 수 있는 영성이 있었다.

우리는 하나님의 음성을 들을 수 있는 하나님과의 친밀한 사람인가?

아니면, 하나님이 내 귀에다 확성기를 틀어놔도 못 듣는 우둔한 사람인가?

영계를 출입하면서 하나님의 음성을 들을 수 있었던 다윗은 한 번도 전쟁에 패전한 일이 없는 전쟁의 영웅이 되었다. 솔로몬은 어려서부터 영계의 문을 출입할 줄 알고 하늘의 지식을 다운로드 받았으며, 일천 다섯의 노래와 삼천 잠언을 말하였다.

예수님은 우리에게 계속 말씀하신다.

귀 있는 자는 들을찌어다.

안약을 사서 발라 보게 하라.

마음과 귀에 할례를 받아라.

우리는 눈을 가졌는데 영안이 감겨서 볼 수 없고

귀가 있는데 듣지 못하고

마음이 돌같이 굳어진 것이 문제다.

간증-

1960년대 우리나라는 국민소득 $100 미만의 가난한 나라 이였다. 직장을 갖는다는 것이 너무나 힘든 시대 이였다. 가난한 집안에서 대학을 공부한다는 것이 어려워서 대학은 주경야독으로 야간 신학교에 진학하였다. 주간에는 공무원 시험에 합격하여서 당시 문교부 산하 교육청과 학교 행정직으로 근무하였다. 4년 과정의 신학대학을 졸업하고 대학원까지 졸업하였다. 직장에서는 공부 할 수 있도록 많은 배려를 하여주었다. 직장에서 승진도 하고 상사로부터 신임도 받았으며, 문교부 장관 표창도 받았다.

한편 신학대학원을 졸업하고 목사고시에 합격하고 나니 서울에서 친구가 개척만 하고 떠난 교회를 떠맡게 되었다. 목회는 어려웠으나 직장은 안정적이고 희망도 있었다. 그러나 마음은 목회를 사임하고 직장 생활을 하면서 장로로서 교회를 섬기고 싶은 마음이 훨씬 더 컸다.

내 마음은 '목회를 할 것인가 공무원으로 계속 남아 있을 것인가?' 하는 갈등에 번민하였다. 그때 내가 살고 있는 집은 서울 원지동이였고 직장은 수원 농림고등학교 서무과에 근무했다.

그날도 평소처럼 한 시간 먼저 출근하여서 조용한 장소를 찾아 기도를 하는데 아침 조회 시간이라 운동장에서 교장 선생님이 학생들을 훈화하는 소리가 내 귀에 그대로 들렸다. 그런데 갑자기 그 마이크 소리가 중단되더니 기도하는 나에게 하늘로부터 영음이 들렸다.

그 영음의 첫 시작은 "내가 너를 지명하여 불렀나니 너는 내 것이라" 하는 성경 말씀 이였다. 그리고 누군가가 나를 위하여 간절히 기도하는 음성이 들렸다. 그 기도가 나에게 너무 합당하여 내 속에서 나의 영이 아멘! 아멘! 하고 응답하였다. 그 기도는 내가 가야 할 길이 공직에 있는 것이 아니라 목회의 길을 가라는 것 이였다. 그리고 마지막 '예수님의 이름으로 기도합니다.'하는 그 음성이 나의 어머님의 음성으로 확 바뀌었고, 그러자 운동장에서 훈화하는 교장 선생님의 마이크 소리가 다시 내 귀에 들려왔다.

이런 체험을 하고 나는 깨달았다. 내가 목회의 길을 가는 것이 어머님의 기도응답 이었고, 직장은 내가 공부하기까지만 하나님이 나에게 허락하여 주신 것이라는 것을 깨달았다. 그 뒤부터 목회를 할 것인가 직장을 사임할 것인가 하는 갈등은 없어졌으나 즉시 순종하지 못하고 머무적거렸다. 2년 후 내가 직장을 사임하고 어머니에게 직장을 사임하였다고 이야기를 하였을 적에 어머님은 이렇게 말씀했다.

"잘했다. 네가 조금만 더 늦었으면 너는 큰 징계를 받았을 것이다."

항상 기도를 최우선으로 살았던 어머님은 주님과 늘 기도로 교제하며 사셨던 것이다.

하나님은 우리에게 말씀하는 방법은 다양하다. 그러나 조심할 것은 마귀도 하나님의 하시는 일을 흉내를 내서 우리를 속인다는 것이다. 마귀도 환청이라는 것을 통하여 속일 때도 있다. 사탄이 머릿속에다 말을 준다. 그 사탄의 음성을 성령의 음성으로 듣고 행하는 자는 이미 마귀에게 속은 자이다. 마음이 깨끗하지 못한 상태에서 탐심으로 구하거나, 마귀의 시험을 이기지 못하거나, 회개하지 않은 상태에서 영계를 드나들거나, 능력을 행하면서 불법을 행하고, 교만하면 그 다음은 마귀에게 속게 되어 있는 것이다.

하나님의 응답은 우리에게 생명줄과 같다. 절망 가운데 있던 사람이 하나님을 만남으로 응어리가 다 풀리며 하나님이 주시는 소망을 갖게 된다. 하나님의 음성 한마디가 나의 영을 살린다.

"너는 내게 부르짖으라. 내가 너에게 응답하겠고 네가 알지 못하는 크고 은밀한 일을 네게 보이리라"(렘 33:3).

하나님은 장래에 일어날 일들을 알려주신다. 하나님은 신실한 사람에게 친구가 되어주신다. 하나님의 친구는 뛰어난 사람이 아니고, 총명한 사람이 아니고, 반짝거리는 사람이 아니고, 신실한 사람이다.
하나님은 아무도 없는 시골 교회 강단에서 새벽마다, 밤마다 부르짖고 기도하는 종들을 친구라고 부르신다. 하나님은 그 사람에게 민족의 비전을 이야기 하신다. 그러나 하루 종일 스케줄이 꽉 차서 사람 만나기에 바쁘고 이벤트를 만들어 일하기에 분주하고 기도가 없는 사람은 하나님의 친구가 될 수 없다. 내 자아가 너무 시퍼렇게 살아 있어도 하나님의 음성을 들을 수 없다

하나님은 기도하는 사람을 사랑한다. 하나님은 당신을 신뢰하는 사람을 더욱 기뻐하신다. 단 한번만 하나님을 만나는 것이 아니라 영계의 문 안에 들어가서 날마다 주님과의 만남과 친밀함을 누리기를 원한다면 강도 높은 기도생활이 요구된다. 높은 수준의 사랑의 실천이 요구된다. 그리고 큰 희생의 삶이 필요하다. 은혜를 사모하는 갈급함에서 기도에 전념하며 말과 행동을 절제하며 겸손함으로 주님과 동행하는 좁은 길을 걸어야 한다. 조금이라도 교만하면 사탄의 시험을 이길 수 없게 되고 사탄의 시험에서 지면 변질된 사역자가 되는 것이다.

- 어머님이 예수 그리스도를 만난 간증 -

어머님은 시골에서 농사를 지으면서 시골 교회를 섬겼다. 새벽마다 교회 나가서 기도하는 일과 주일이면 반드시 교회서 예배를 드리는 성수주일을 신앙의 원칙으로 삼았다. 혹시 타지로 출타를 하게 되면 내일 새벽에 기도 할 교회를 먼저 확인하고 난후 집에 돌아와 잠자리에 들었다.

아버지는 농촌에서 일을 하기 때문에 특별히 주일이라고 쉬는 날이 없이 일하셨고, 집안은 완고한 유교 집안 이었다.

어느 주일날, 아버지는 일꾼들을 데리고 들에 일을 나가셨고 어머니는 일꾼들의 점심을 지어서 아버지와 일꾼들이 일하는 들로 가지고 가도록 약속이 되었다.

어머니는 주일이니까 교회에 가서 예배드리고 부지런히 점심을 준비해서 들에 가지고 가면 되리라 생각하고 예배를 드렸다. 그날따라 예배가 늦게 끝났다. 그래서 점심시간이 훨씬 지나버렸다. 어머니는 점심을 가지고 부지런히 들로 갔으나. 점심때가 지났기 때문에 아버지는 들에서 일하면서 시장하여 몹시 화가 났고 함께 일하는 일꾼들에게 미안하기도 하였다. 너무 화가 난 아버지는 광주리에 점심을 담아 머리에 이고 오는 어머니를 들에서 일하던 괭이로 밥 담은 광주리를 내리쳤다. 어머니는 피하다가 그 괭이에 한쪽 팔을 맞아 팔이 빠지며 어깨를 삐고 땅바닥에 쓰러졌다. 시골이라 병원도 없었고 아픈 통증을 참으며 살았다. 그 뒤부터 어머니는 한쪽 팔은 위로 올리지도 못하고 뒤로 돌리지도 못했다.

그렇게 수년이 지났다. 그러던 어느 봄날 토요일 밤 이였다. 내일은 주일인데, 주일날 아버지는 감자를 심겠다는 것이다. 감자를 심으려면 여자들이 하는 일은 아침 일찍 일어나 감자 씨눈을 따서 재로 버무려 소독을 하여 두는 일이고 남자들은 그 감자를 밭에다 심는 일이었다.

어머님은 걱정이 되었다. 내일 주일날 예배를 드려야 되는데, 교회에서 예배드리고 들에 나가면 또 아버지의 역성이 대단할 것인데 어떻게 하나? 내일 심을 감자 씨눈은 언제 준비하나?

그날 밤 피곤하지 만 밤 자정이 넘도록 내일 심을 감자 씨눈을 따기 시작했다. 그렇게 하지 않으면 주일을 지킬 수 없기 때문이다. 방에 앉아서 밤늦게까지 감자 씨눈을 따기 시작했다. 하루 종일 일하고 피곤한데 또 늦은 밤까지 내일 일을 준비하려고 일을 하니 얼마나 힘들고 피곤한지 혼잣말로 중얼거렸다.

"주님, 이렇게 힘들고 몸이 괴로우면 누가 예수 믿겠어요!"

그리고는 쓰러졌다. 비몽사몽간에 빛나고 광채가 나는 흰 옷을 입은 세분이 찾아왔다. 그리고 한 분이 말씀했다.

"딸아, 너 지금 뭐라고 말했지?"

"예, 이렇게 힘들고 몸이 괴로우면 누가 예수 믿겠어요! 했습니다."

"그래 예수 믿기가 힘들지. 너 어디 아픈데 있나?"

"예 내가 이 왼쪽 팔을 쓰지 못합니다."

"내가 고쳐주마"

그분은 가방에서 큰 주사기 한 대를 꺼냈다. 그리고 그 주사기를 어깨에다 푸-욱 꽂았다.

그때 그 팔이 그렇게 시원할 수가 없었다. 그 분은 주사기를 빼면서 말했다.

"다 나았다. 또 어디 아픈데 있나?"

"예 내가 위장병이 있어 소화가 잘 안됩니다."

"그래 그것도 내가 고쳐주마"

그분은 큰 주사기를 배에다 푸-욱 찔렀다. 배가 시원했다.

"다 나았다."

"이제 아픈데 없지? 우리는 간다."

그 분은 일어서면서 한마디 더 했다.

"예수 잘 믿어야 한다."

"예. 명심하겠습니다."

그리고는 방문을 열고 대문까지 나가서 전송했다. 그리고 깨니 비몽사몽간 이였다. 온 몸이 생기가 나고 몸이 가벼웠다.

어머니는 부엌으로 나갔다. 물동이를 안고 우물로 갔다.

집에서 우물까지는 100여 미터(m) 가야했다. 물을 한 동이 퍼 담았다. 전에는 팔이 아파서 팔을 위로 올릴 수 없어 물동이를 끌어안고 다녔는데 이번에는 자기도 모르고 자연스럽게 물동이를 머리위로 올렸다. 물동이가 쉽게 머리위로 올라갔다.

어머니는 그날 밤 "주여 감사합니다!" "주여 감사합니다!" 하면서 물을 큰 물독에다 채웠다. 그 뒤부터 어머님은 팔도 고침 받고 위장병도 고침 받았다.

아버지의 핍박을 잘 견디었다. 마침내 그 아버지도 회개하고 예수 믿게 했다. 온 가족을 다 예수 믿게 했다.

어머님은 환상 중에 예수를 만났고 그 분의 음성을 들은 것이다.

"또 자기 십자가를 지고 나를 좇지 않는 자도 내게 합당치 아니하니라"(마 10:38).

자기 십자가가 없는 사람은 없다. 그 십자가를 벗어던지지 말고 그 십자가를 지고 오직 기도하는 사람을 주님은 만나주신다.

주님은 나의 죄를 씻기 위하여 십자가에서 죽기까지 하셨다.

참고 도서

한 홍 / 왕들의 이야기 1(두란노, 2015)

한 홍 / 왕들의 이야기 2(두란노, 2016)

강문호 / 대속죄 일(한국가능성개발원, 2003)

제시카 윤 / 봉한 샘(밀알서원, 2020)

제시카 윤 / 덮은 우물(밀알서원, 2018)

폴 워셔 / 조계광 옮김 / 회심(생명의말씀사, 2013)

정 원 / 부르짖는 기도 2(영성의 숲, 2013)

홍성건 / 하나님이 보내시는 사람(예수전도단, 2005)

거기서 내가 너와 만나고

초판 1쇄 발행 2020. 10. 15.

- ■지은이　　한의택
- ■펴낸이　　박성숙
- ■펴낸곳　　도서출판 예루살렘
- ■주　소　　10252 경기도 고양시 일산동구 고봉로 776-92
- ■전　화　　031-976-8970
- ■팩　스　　031-976-8971
- ■이메일　　jerusalem80@naver.comt
- ■창립일　　1977년 5월 11일
- ■등　록　　1980년 5월 24일(제16-75호)

ISBN 978-89-7210-563-3 03230

책값은 뒤표지에 있습니다.

도서출판 예루살렘은 말씀과 성령 안에서
영혼이 풍요로워지는 책을 만드는 데 힘쓰고 있습니다.
문서선교를 통하여 하나님의 비전을 넓혀가기를 소원하면서
주님이 오시는 그 날까지 이 사역을 계속할 수 있기를 간절히 소원합니다.

"나의 힘이신 여호와여 내가 주를 사랑하나이다"(시 18:1)

한의택 목사의 저서 1

네 영혼을 관리하라
신국판 / 170면 / 9,000원

사역보다 자신의 영혼을 관리하는 것이 중요하다. 한의택 목사는 말씀의 기근이 닥쳐온 이 시대 가운데 더욱더 자신의 영혼을 관리하는 일에 힘써야 한다고 주장한다. 이 책은 현대 교회들이 다루지 않는 다루기 민감한 소재인 천국과 지옥, 마귀와 귀신들을 다루고 있다. 하나님을 제대로 알고, 영적으로 성장해야 한다. 영적인 세계에 대한 더 깊은 통찰들이 담겨진 이 책은, 하나님 나라의 확장과 영혼 구원을 위해 귀한 도구로 사용될 것을 기대한다.

한의택 목사의 저서 2

성막과 절기를 알면 예수가 보인다
신국판 / 308면 / 12,000원

성막은 연구할수록 심오하고 풍성한 진리의 산실이다. 성막을 통하여 예수 그리스도의 십자가의 구속, 중생, 성화, 봉사론, 직분론, 기도론 등에 대하여 하나님의 뜻을 계시하고 있다. 또한 성막에는 예나 지금이나 변함없는 지고한 하나님의 법의 정신이 신약을 살아가는 우리의 삶의 태도와 방향을 제시하고 있다. 또한 성경에 나오는 절기(유월절, 무교절, 초실절, 칠칠절, 오순절, 성령 강림절, 초막절, 장막절, 나팔절, 수장절, 부림절, 수전절, 희년)들을 분류하고 그 절기의 구속사적 의미를 설명하여 신약을 살아가는 현대인들이 이해하여 적용할 수 있도록 하였다.

한의택 목사의 저서 3

천국가는 사람들, 지옥가는 사람들
신국판 / 128면 / 8,000원

저자는 많은 사람들이 잘못된 교단 교리에 속고, 잘못된 교회 전통에 속고, 잘못 배운 지도자들에게 속고, 마귀에게 속고 그러다가 결국 구원에서 낙오되는 것이 너무나 안타까운 마음에서 이 책을 쓰게 되었다. 잘못된 신앙의 궤도를 수정하여 바른 신앙의 궤도로 안내하며, 천국과 지옥에 대한 바른 이해를 갖게 한다. 그 내용으로는, 회개와 믿음으로 사는 삶만이 천국 가는 길입니다 / 부르짖는 기도로 성령충만을 구하십시오 / 최고의 은사 사랑을 구하십시오/ 마귀에게 속지 마십시오 / 겸손하십시오 / 천국도 지옥도 있습니다